コミュニケーション力で未来を拓く

これからの教育観を語る

本間正人 × 菊池省三

中村堂

コミュニケーション力で未来を拓く　これからの教育観を語る　もくじ

対談者紹介……4

第一章 コミュニケーション力で未来を拓く　対談　本間正人×菊池省三

菊池実践を動画で観る……8
言葉で人間を育てる……24
「成長の授業」……28
学級崩壊立て直しの処方箋……33
子どもを信じる……37
教師の役割……42
コミュニケーション力で未来を拓く……46
「価値語」がつくる温かい教室……51
新しい「授業観」を問う……57
個別の対応が必要な現代の子どもたち……65
教育学から学習学へ……67
アクティブ・ラーニングを成功させる土台……69
学校の役割は何か……72
全人格をかけて子どもと向き合う……76

第二章 「ほめ言葉のシャワー」の特徴と効果　本間正人

一　「ほめ言葉のシャワー」その特徴　86
二　「ほめ言葉のシャワー」その効果　113
三　課題　118

第三章　学習学とコーチング　本間正人
学びの原点――学習学という考え方　122
「価値語」の意義　127
一斉授業とアクティブ・ラーニング　130
感情を伴う学習　136
コーチングで「徳」を引き出す　139
ヒーローインタビュー　142
ヒーローインタビューと「ほめ言葉のシャワー」　145
他者紹介ゲーム　148

第四章　これからの教育観　菊池省三
「ほめ言葉のシャワー」の今日　152
「ほめ言葉のシャワー」の実際　156
話し合い活動　165
これからの教育観　167

対談者紹介

本間　正人

ほんま　まさと

1959年生まれ。京都造形芸術大学教授。NPO学習学協会代表理事、NPOハロードリーム実行委員会理事。松下政経塾研究部門責任者などを経て、NHK教育テレビ「実践ビジネス英会話」の講師などを歴任。「教育学」を超える「学習学」を提唱し、コーチングやファシリテーション、キャリア教育、グローバル人材育成など、幅広いテーマで活動を展開している。

著書は「相手をその気にさせる『ほめ方』やる気にさせる『しかり方』」（ロングセラーズ刊）「知識ゼロからのほめ方&叱り方」（幻冬舎刊）「できる人の要約力」（中経出版刊）など多数。

菊池 省三

きくち　しょうぞう

1959年生まれ。菊池道場・道場長。元福岡県北九州市公立小学校教諭。文部科学省の「『熟議』に基づく教育政策形成の在り方に関する懇談会」委員。

著書は「挑む　私が問うこれからの教育観」「人間を育てる　菊池道場流　作文の指導」「『話し合い力』を育てる　コミュニケーションゲーム62」（以上、中村堂刊）」「小学校発！　一人ひとりが輝くほめ言葉のシャワー①②③」（日本標準刊）など多数。

二〇一五年八月一日現在

第一章

コミュニケーション力で未来を拓く

【対談】本間正人×菊池省三

菊池実践を動画で観る

菊池 本間先生のご著書をいろいろ読ませていただきましたが、私が教室の中で試行錯誤しながら実践し、考えていたことが、とてもコンパクトに書かれていて、大変勉強になりました。

本間 菊池先生は、私がコーチングの本に書いたようなことは、すべて実践されていたのではないかと推察します。

菊池 最初に、昨年度までの私の教室の様子を動画でご覧いただきたいと思っています。最初の動画は、卒業式が目前に迫ったある日のものです。私のいた学校では学区外から通う子どもに限っては、保護者との連絡用に携帯電話を学校に持ってくることを申請によって許可していました。その内の一人が、自分のことについて友達が書いてくれた作文を、記念にしたいと、携帯電話で写真を撮っていたのです。それがきっかけで、子どもたちから「卒業が近いから教室や友達を記録したい」と要望が出されました。それで、教室の中だけで使うという限定で私が許可したのです。そうすると、子どもたちは、様々なことを記録し始めました。
　そんな様子を見ていて、ひょっとしたら上手くいくのではないかとの私の思い付きで、芸能レポーターの記者会見みたいなことをさせてみようと思ったのです。新郎と新婦と司会者を指名して、ほかの子どもたちが記者という想定を無茶ぶりしました。

教室の様子①　仮想「結婚記者会見」

宮崎（司会）　新郎・新婦の結婚発表記者会見を始めます。
クラス全員　結婚、おめでとう。おめでとう。
宮崎　何か、新郎・新婦に質問のある方はいますか。
質問Ａ　どうやって結婚することになったのですか。
元山（新婦）　答えるんですか。
常《チャン》（新郎）　じゃあ、僕が。あのね、僕ね、４年生のときに転校してきた瞬間に、元山さんを見たらね、めっちゃ美しい人だと思った。

質問B　プロポーズの言葉はなんですか。
常　代わりに言ってくれ。
元山「僕は、英語が話せるから一緒にいよう」と言ってくれました。
質問C　今は一緒に暮らしているんですか。
常・元山　暮らしていません。
質問D　結婚するきっかけはなんですか。
元山　学校が一緒だったから。
常　理由はない。
質問D　何年の交際を経てゴールインされましたか。
元山　3か月ぐらい。
質問E　新郎さんは将来内閣総理大臣になりたいということですが、新婦さんはどう思いますか。
元山　お金持ちになれてうれしいです。
質問F　両方の両親は、オッケーしたんですか。
元山　お父さんとお母さんも、「お金持ちになれるなら、どうぞどうぞ」と言っています。

生徒
児童
小倉中央小学校の
顔として
最後の仕事に

質問G　結婚式は、どこでやりますか。
元山　○○の横の結婚式場です。
質問H　ファーストキスの場所はどこですか。
常　すいません…。
元山　まだしてません。
質問I　新婚旅行の行き先はどこですか。
元山　小倉中央小学校です。
常　世界一周。
宮崎　時間もないのでこれで終わります。これで、新郎・新婦の結婚発表記者会見を終わります。あっ、この動画は勝手に YouTube に登録しないでください。それは犯罪です。

菊池　男の子は中国にルーツをもっていて4年生のときに転校してきました。将来の夢は日本の総理大臣になることだと言っていました。周りの子どもたちも彼のその夢は知っています。女の子は、4年生まではいろいろ課題を抱えた子だったようですが、5年生から私が担任してぐんぐん成長して、クラスのリーダー的な存在になりました。将来は弁護士になると言っていました。

様々な家庭環境を背負った子どもが集まった34人の学級でした。いろいろとでこぼこでこぼこした集団ですが、卒業前に無邪気に一緒に遊んでいる雰囲気のとても楽しい時間でした。

本間「素晴らしい」の一言ですね。交流分析的には、大人（Adult）、良い子（Adopted Child）、天真爛漫な子（Free Child）のバランスが大切です。これまでの学校教育では、ACが過度に強調され、FCが抑圧される傾向にありました。「無邪気さ」をポジティブにとらえ、望ましいこととして奨励しているのは、画期的だと思います。

菊池この子たちの様子をずっと見たり聞いたりして思ったことは、人に対して、全てプラスの方向性の言葉を使っていたということです。

次に見ていただくのは、物に対するプラスの言葉ということで、これも卒業式の数日前に突然行ったのですが、「ものを一分間ほめましょう」という「ほめ言葉選手権」です。

教室の様子②　ほめ言葉選手権

はーい、こんにちは。僕が今からほめるのは、この（「チン、チン、チン」と3度鳴らす）ベルのことについてです。このベルをよく見てください。ちょっと傾いていますね。こういうのが、音の共鳴にも関係するのでしょうか。そして、このビスのところにナットが仕込まれています。こういうところがアンティークで、なんか昭和っぽいところがありますね。で、ここの押すところは丸まっているんですね。これ、分かりますか。ちっちゃいんですけれども、ちっちゃくて押しやすいってところがまた、共鳴させてくれるんでしょうか。

ほめた「卓上ベル」

　そして、この裏を見てください。裏の音を鳴らすところが三角形になっていますね。三角のトライアングルって知っていますか。トライアングルと同じ原理で音が鳴っているのかもしれませんね。この2つの穴で下からも音が出るようにしています。この鉄の部分がなめらかになっていて、ちょっと汚れているんですね。それはこれを使ったいろんな人たちの物語が入っているんだと思います。

菊池　このスピーチをしていた男の子は、発達障害のある子でした。5、6年生の2年間担任しましたが、それまでは少しのことをきっかけに暴れ始めてしまい、校長室に連れて行かれてはクールダウンして戻ってくるということを繰り返していたようです。お母さんも子どもの変化に対応しきれなくて、どうしたらいいんだろうとずいぶん悩まれていたようです。

私は、彼のことを「エジソンか、アインシュタインか、○○か」と外部の人に紹介していましたが、将来、彼自身が自分の可能性を大きく開花させてくれるのではないかと期待しています。彼としての強い個性はありますが、自分らしさを発揮して、立派に成長していきました。

本間　彼が独特の感性を開花させて、良い意味で常識破りの活躍をする青年へと成長していってほしいですね。ものに対する観察力も、語彙のレベルも、素晴らしいですね。

菊池　私は、「自分らしさを発揮しよう」ということを繰り返し子どもたちに話していました。一人ひとりには、いろいろな個性があるけれど、その個性をどんどん発揮していこうと呼びかけていました。

自分らしさを発揮するということを一つのねらいとして「係活動」というかなり自由度を保障した取り組みもしていました。次の動画は、その係活動の一つであるダンス係による「ダンスバトル」です。どちらがダンスが上手かをクラスみんなで判定するというバトルです。卒業式の練習が終わった後の体育館でやろうということになって、楽しくダンスをしました。自分らしさを発揮し合い、認め合って、楽しみ合っているという点で、私の学級の象徴的なものの一つかと思っています。

教室の様子③　係活動　ダンスバトル

菊池 ダンスを踊っている中でマスクをしている女の子は、4年生までのニックネームが、アニメの「ちびまる子ちゃん」に出ている「野口さん」だったそうです。それが今は「ちびまる子ちゃん」になったということをスピーチしている映像を、最後にご覧ください。私は朝の会で、その日の主人公を決めて、みんなから質問を受ける「質問タイム」という時間を設定しています。お互いのことをよく知ることから、人間関係を築いていくというねらいです。その「質問タイム」の前に彼女は、自分のスピーチを踏まえて、質問をしてほしいと言ったのです。

動画④　朝の「質問タイム」の前のスピーチ（中村愛海さん）

今回の質問タイムは、私がこういうふうに、なんていうんだろう、私の成長のストーリーっていうか、まあ、いちばん思ってることみたいなのを書いたんですけど、それについて質問してもらいます。そして、ちょっと難しいかもしれないので、これが、発表っていうか、言い終わったら、一分間考えてもらいます。

はい、じゃあ、まず、過去と現在と未来で考えるんですけど、まず、過去で、4年生

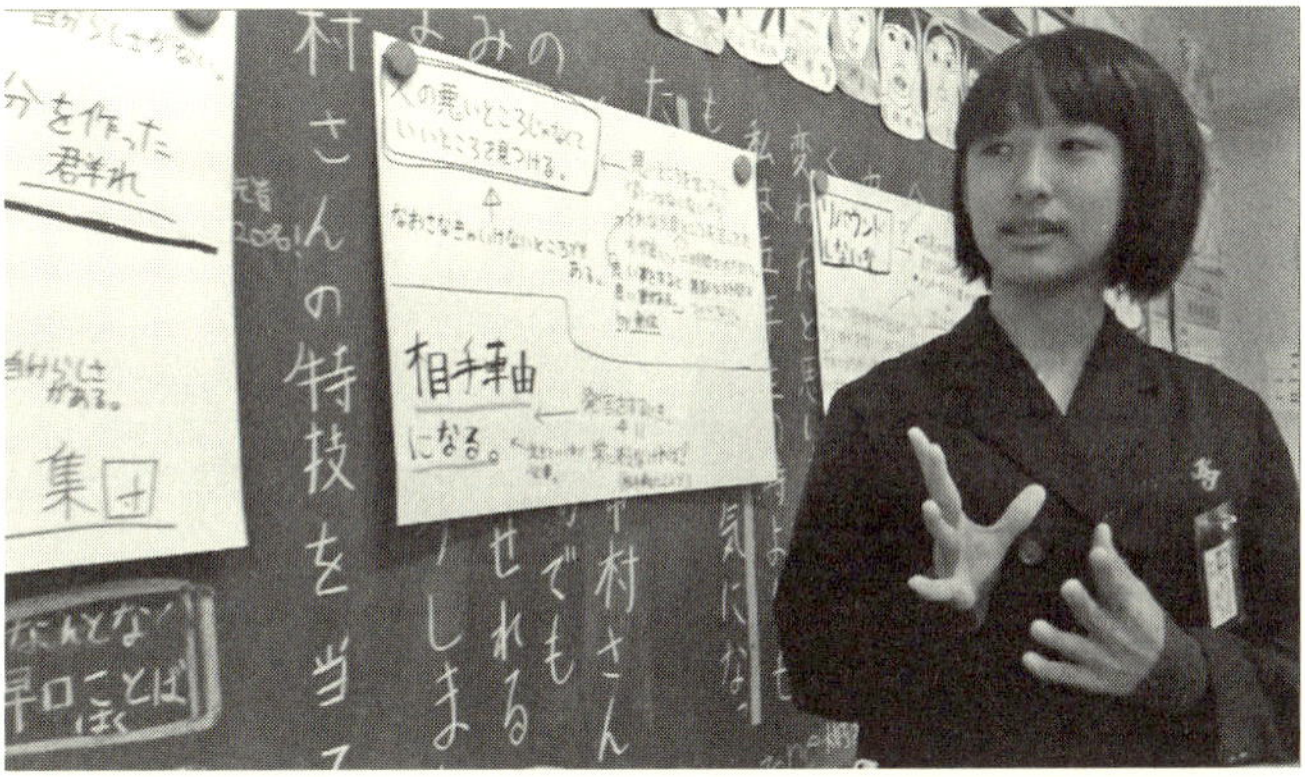

のとき、心は野口さんだったけど、外は、やっぱり合わせたりして、はぶかれたくない、合わせなきゃ、っていう自分をつくってて、群れっていうので動いてたんですよ。で、それから、もう、そんな作ってたら、自分らしさっていうのがないじゃないですか。でも、5年生になって、普通に、いちばん好きな自分ていうのを見つけられて、それが、まる子ちゃんだったんですよ。野口さんが悪いっていうわけじゃないんですけど、でも、私にとっては、まる子ちゃんのほうがいいかなっていうことで、まる子ちゃんになりたかったんですよ、野口さんのときに。心も外も。だから、そのときに新しい自分を見つけて、まる子ちゃんになれたっていうので。その、やっぱり、まる子ちゃんは、野口さんのときに、はぶかれたくないとか、合わせなきゃという心があったんですけど、

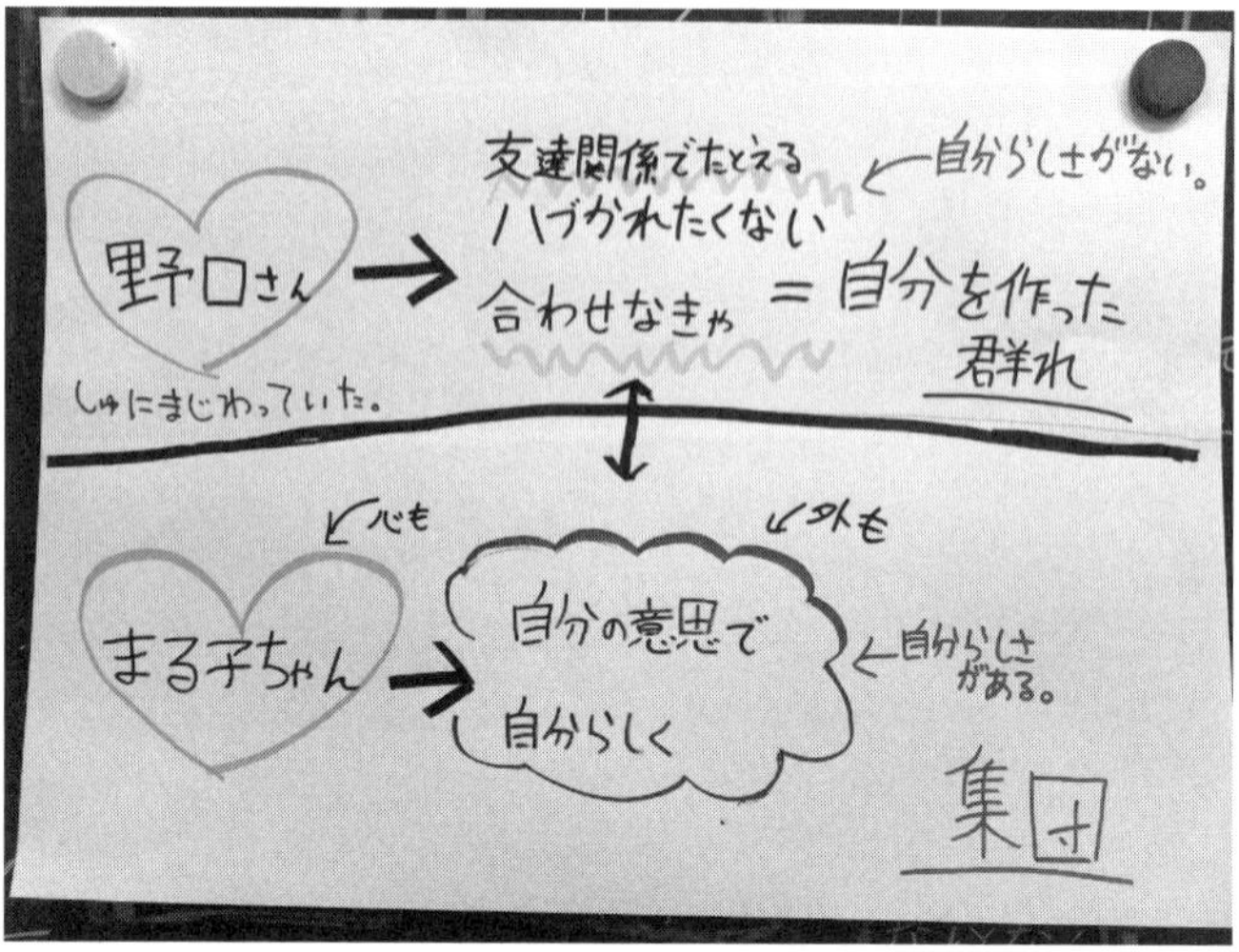

でも、まる子ちゃんになって、自分の意思で動くとか、自分らしくっていうことを心がけるようになって、集団に、群れから集団に動けるようになったと思いました。

それで、今の、現在なんですけど、これはちょっと、人の悪いところじゃなくていいところを見つけるっていう、これは、当たり前なんですけど、でも、やっぱり、人の悪口を言ったりっていうのは、人間誰だってあると思うんです。私だってあったし。だから、人の悪いところを言うっていう無駄な時間よりも、自分が今しなきゃいけないっていうところの時間を大切にしたほうがいいかなっていうことで、これを作ってて。で、時間

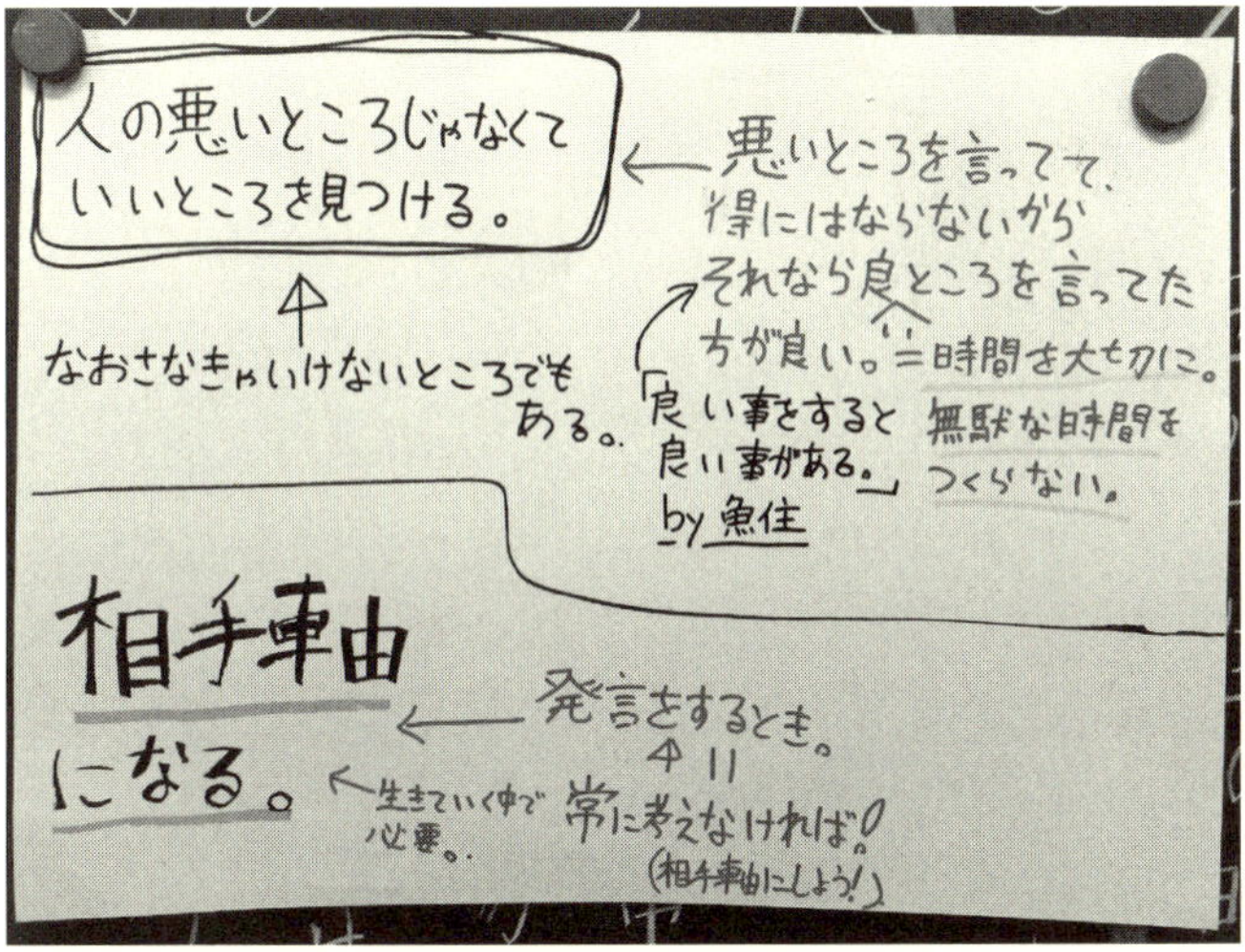

を大切にとか、無駄な時間をつくらないっていう価値語みたいなのに、当てはまるかなと思いました。

　で、こないだ、金曜日に魚住さんが、いいことをすると、いいことがあるっていうことを言ってたんですけど、それにも重なるかな、と思いました。で、私は5年生から6年生まで菊池学級でやってきて、もう、結構、学ぶことは学んだんですけれども、でも、唯一、これは直さなきゃいけないところかなって、私は思いました。

　で、ホワイトボードに、相手軸になるっていうことを書いてるんですけど、私は、相手軸になるっていうのは、自分が生きていく中でいちばん大切なことだと

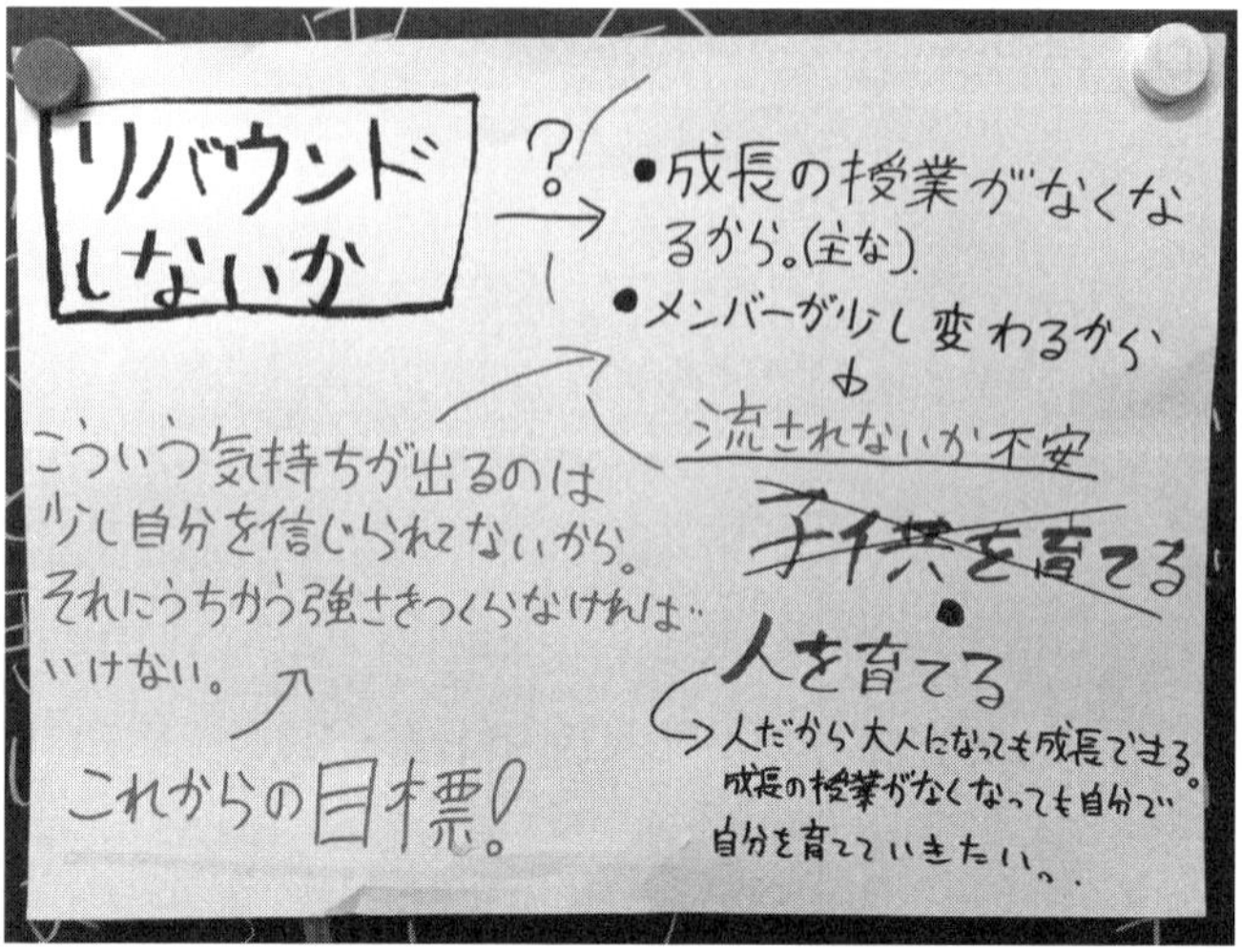

思うんですよ。だから、発言をするときとか、その人の気持ちを考えて発言しないと、なんていうんだろ、その人に悪い気持ちをさせたりとかいうのを、そういうのを考えちゃうから、常に考えなきゃいけないんですよ。先生が言ってたとおりに、やっぱり常に考えるっていうのは大事だし、相手軸っていうのはやっぱり大切かな、と思って。今、いちばん考えてることは、これです。

で、未来のことになるんですけど、中学生になって、少し、ほかの小学校から入ってきて、メンバーが替わるじゃないですか。で、そのときに、メンバーが替わってリバウンドしないかな、とか、成長の授業が、ま、生活面で成長はできるんですけど、先生の主な授業がなくなるから、ま、それでリバウンドしたり、メンバーが替わるから、流されないかなっていうのが不安だったんです。４年生のときもたぶんそういうのがすごい不安だったんですけど。でも、こういう気持ちが出るのは、今、まだ少し自分を信じられていないからっていうのがあるから、それに打ち勝つような強い心をつくるっていうのがこれからの目標かなって私は思いました。

そして、最後に言うことがあるんですけど、先生の本に、子どもを育てるじゃなくて、人を育てるっていうことが書いてあったんですけど、人、だから大人になっても成長できるっていう意味じゃないですか。で、成長の授業がなくなっても、自分で自分を育てていけるっていうふうに、これからなっていけたらなと思ってます。終わります。

一分間、班で個人の意見で話し合ってください。

菊池　中村さんは、私の書いた本を読んでいるんですね。それを引用して話をしています。

本間　これだけのスピーチができる小学6年生は、なかなかいません。日本の学校では、パブリック・スピーキングの練習を行わないので、高校生、大学生でも、なかなかこんな立派なスピーチはできませんね。

言葉で人間を育てる

菊池 この学校は2クラスありましたが、毎年クラス替えをしていましたので、2年間担任した子どもが半分、1年間担任した子が半分でした。6年生の後半、お正月前後で急激に成長したという感じがありました。私が教員をした北九州は、なかなか地域的に厳しいところでした。いろいろな子どもがいました。くつを履かないで運動場を走り回っている野性児のような女の子、茶髪の子、マニキュアをしてくる女の子などが教室には散見されました。生活レベルや生活環境が厳しい地域でもあります。いろいろな子どもがいます。そうした中で、お互いを認め合い、任せ合えるという関係をつくることを目指して取り組んできました。

本間 マニキュアをしている子を例にとれば、多くの先生はそれを見て、すぐに怒ってしまうんですね。菊池方式は、可視・不可視という価値語をあらかじめ指導することによって、君たちは可視的なきれいさを大事にしようとするけれど、目には見えないきれいさというのもあるんだよと、いいか悪いかだけではなくて、具体的に事例に即して、俯瞰した状況を提示していますから、行動をどのように成長させることが必要なのかということを、子どもが捉えることができるのですね。

私は、菊池先生の著作を読んで、今回対談するのに際して、「価値語ハンドブック」という企画を提案したいと思って来ました。私が書いた多くの著作の内、多くの人に読まれた一冊に「ほめ言葉ハンドブック」[1]があります。これは、「ほめ言葉ハンドブック」「ほめ言葉ワークブック」「ほめ言葉ハンドブック　家族・プライベート編」を合本にして再編集したものです。菊池先生の「価値語」一つひとつに解説を付けてハンドブックの形にまとめて本にするというのが良いのではないかと思いまして、提案したいのです。

菊池　放っておいたら、今の子どもたちが発する言葉は、「むかつく」、「殺す」、「死ね」というレベルのものばかりです。マニキュアをしてくる子どもがいたときに、「おしゃれをするときには、身に付けるおしゃれ、持ち物のおしゃれ、心のおしゃれなどがあります。では、心のおしゃれって何でしょうか」と、本当に大切なものは何なのかということを問いかけて考えさせます。可視・不可視の問題などを、丁寧に丁寧に拾い上げていきます。単に「やめろ」と言ったり、「そんな格好をして学校に来るな」と言ったりしても、ぶつかるだけです。

いろいろな子どもがいればいるほど、アプローチの仕方を考えざるを得なかったのです。そんな中で「価値語」というものも生まれてきました。「価値語ハンドブック」をまとめるという企画、是非実現したいと思います。

本間 学校というのは社会的な存在です。社会的な能力を高めることが、学校の役割としていちばん大事だと私は考えています。今の世の中では、知識を与えるということは、eラーニング[2]でいくらでもできます。eラーニングは、個人によって異なる学習の速度の差についても、一斉授業よりも上手く対応できます。個別指導塾は、一人ひとりの学習速度の違いに対応した学習を進めています。そうなると、知識の伝達を中心とする限り、別に学校という場所でなくてもいいじゃないかという議論になりますし、義務教育段階で学校に行く必要はないんじゃないかという意見を述べている人もいます。

ただ、こうした議論の中で抜け落ちているのは、社会的な役割の部分です。学校の意味は、人と人とのコミュニケーションをとおして社会的な能力を高めるということにあるのです。学校の1日の中で、朝の会や帰りの会という話し合いのできる場がありますが、ある意味それらをメインだと考えていいと私は思います。中村さんがスピーチの中で、「成長の授業」という言葉を使っていましたが、学校の本来的な意味で、とても大事な視点だと思います。これまで、文部科学省や教育委員会がおよそ対応できてこなかったところまで、菊池先生が実践の中で試行錯誤されながら、学校の完成形に近いところまでもってこられたのではないかと思います。

菊池「結婚記者会見」に出ていた女の子が、卒業するときに「学校の楽しさを教えてくれてありがとうございました」とメールを送ってくれました。その子も、4年生までは荒れていました。それまでの担任の先生からは、排除され続けていたのです。

（1）「ほめ言葉ハンドブック」本間正人・祐川京子　2013年　PHP研究所刊
（2）eラーニング　情報機器やインターネットなどの情報技術を用いて行う学習。

「成長の授業」

本間 「ビリギャル」(3)という映画がありますよね。そこに登場する坪田信貴先生は、個別指導塾の塾長をされています。素行が悪くて学校でクズだと言われていた子を慶應義塾大学に入れたというお話ですが、この中では、コミュニケーション能力というよりは、日本史と英語と小論文に特化して勉強をするということが中心です。坪田先生は、子どもを信じるということを教育の信条として、子どもたちと向かい合っていらっしゃいます。お母さんと協力して、子どもの可能性を信じてとことんサポートしています。菊池先生の実践とつながるところがあると、私は思っています。

菊池 坪田先生が登場されたテレビ番組を私も見ました。その中で坪田先生は、「やる気を伸ばすのには、自信と居場所と感謝だ」とおっしゃっていました。「居場所というのは、一人でも信じられる人がいてくれたらいいんだ」という言葉が印象的でした。

本間 本当にそうだと思います。感謝の反対が当たり前、当たり前の先には、やらなければばいけないという義務感というのがあります。現代の日本では「義務教育」の意味が誤解されていることが多く、保護者の子どもに対する就学義務が、子どもの学ぶ義務だと思われています。子どもたちには、学ぶ権利こそあれ、教育を受けなくてはいけない義務はありません。小学校、中学校は、学ばなくてはいけないところではありません。逆に言えば、親も子どもを学校に行かせれば義務を果たしたと思ってしまうのは大間違いなんですね。子どもの学ぶ権利を、学校や社会が、みんなでサポートしあうというのが望ましい世界だと思います。

大学の先生は高校の先生に、高校の先生は中学の先生に、中学の先生は小学校の先生に、小学校の先生は家庭に、「今まで何やってきたんだ」と、責任のなすりつけあいをしています。そうしたいさかいは意味がないわけですから、「とりあえず今できることを、それぞれの立場でそれぞれに全力でしよう」ということにつきると思うのです。大学生でも、中学校レベルの英語ができないで入学してきます。big は知っているけれど large は知らないなんて普通にあります。「今まで何やってたんだよ」って言ってしまう先生もいますが、その子が、今までできないまま、分からないまま来た辛い気持ちに、教員が思いを馳せてあげられなかったら、私は、子どもが可哀想だと思います。

菊池 教師は、もちろん教科書の内容を教えないといけないわけですが、そちらにばかり重きが置かれて、子どもの気持ちや学級全体の気持ちにまで教師の思いがいっていなかったんだと思います。そのあたりが、学校や教室になじめない子どもが増えてきた原因だと思います。その子たちは、教室にいることが嫌だったのだと思います。先生が悪いと一概には言えませんが、多くの先生たちのそういう感覚が違っていたのだと思うのです。

私自身は、教えることよりも、その子が何を欲しているのか、その子が楽しいと思えるのはどういうことなのかというようなことを考えていて、どうにかしてそうした状態を解決していきたいという思いが強かったのだと思います。

本間 学校は行かなくてはいけないところだとしたら、喩えとしては良くないですが、刑務所と変わらなくなってしまいます。「刑期を終えて、やっと出られたぞ」となってしまったら、そんなにもったいないことはないですよね。論語には、「学びて時に之を習う、亦（また）説（よろこ）ばしからずや」か書かれています。学習は喜ばしいことだ、と書いてあるのです。また、「朋あり、遠方より来たる。亦楽しからずや」とあり、人との出会いは楽しいことだとも書かれています。学校はいじめがあって、勉強は苦役であるという状態は、本当にもったいないことです。ただ、文部科学省や先生が、「学校とはものを教えるところ」という発想だとしたら、そういう状況になってしまいます。菊池先生の実践には、人を育てるということが基本にある、人が育つことをサポートするということが根底にあると思っています。

そして、菊池先生の「成長の授業」では、「ほめ言葉のシャワー」がその中核にあるのだと理解しています。ほめるためには、観察力をとことん伸ばしていくことが重要です。

ほめることをすると観察力が明らかに伸びてきます。人類史を振り返ってみたときに、獲物がどこにいるかを見つけられる環境観察能力が高い人が、生き延びてこられたのです。観察力は、人間にとって生きていくための根源的な力です。ただ、国語・算数・理科・社会という学校の教科では、観察力というのは取り立てて必要ではないのです。教室の実態を見ると、生徒は先生の答えに合わせる、先生を見てどうするかを考えるなど、何か偽りの観察力になってしまっている感じがします。事実を見て、観察してどうだったのかという、本当の観察力の育成が生きる力の育成であり、観察力こそ生きる力の根源だと思っています。

菊池　学級崩壊の起こっている教室の子は、別人を演じているのだと思います。本来の自分らしさは隠してしまって、その空気に合わせて自分を演じているように思います。そうした中で、友達のよいところを見つけましょうとか言っても、それが成立するはずもありません。多くの学校で、そうした教室の問題を無視して毎日の授業をしているのです。ずれに気付かず、知識だけを教え続けています。

本間 ところで、菊池先生は、語彙力を伸ばす方法として、具体的にはどんなことをされているのですか。

菊池 私の場合は、まず、机の上にはいつも辞書を置かせていて、国語に関わらず、全ての学習の中で辞書を引かせています。また、本を同時に二冊ずつ読ませています。読書量は多いと思います。

（3）映画「ビリギャル」書籍『学年ビリのギャルが1年で偏差値を40上げて慶應大学に現役合格した話』（アスキー・メディアワークス刊）をもとに映画化されたもの。

学級崩壊立て直しの処方箋

本間　菊池学級は「完成形」まで行っているということを実感しました。その上で、私が今回いちばんお聞きしたいことは、今、まさに学級崩壊を起こしている教室、表面上は良い子を演じているけれど、学んでいない子がいっぱいいる教室がある、その立て直しの第一歩として何をどうすればよいのかという処方箋を知りたいのです。多くの先生方も、どうすればいいのだろうと、悩まれていると思います。

菊池　子どもがつくった成長曲線の図というのがあります。こういうことが描けるようになるには、当然一定の時間が必要です。最初から描けるわけではありません。成長の意味が分かるように教師が仕組んで育てていかなければ、子どもだけでは分かりません。分からないとするならば、最初は「教師がほめる」ということに尽きると思います。

私がNHKの「プロフェッショナル　仕事の流儀」に出させてもらうことになって50日間にわたって取材を受けていたときに、正門から教室に入っていくまでの様子を毎日撮っていらっしゃいました。通勤風景なんて一回撮ればいいじゃないんですかと聞いた

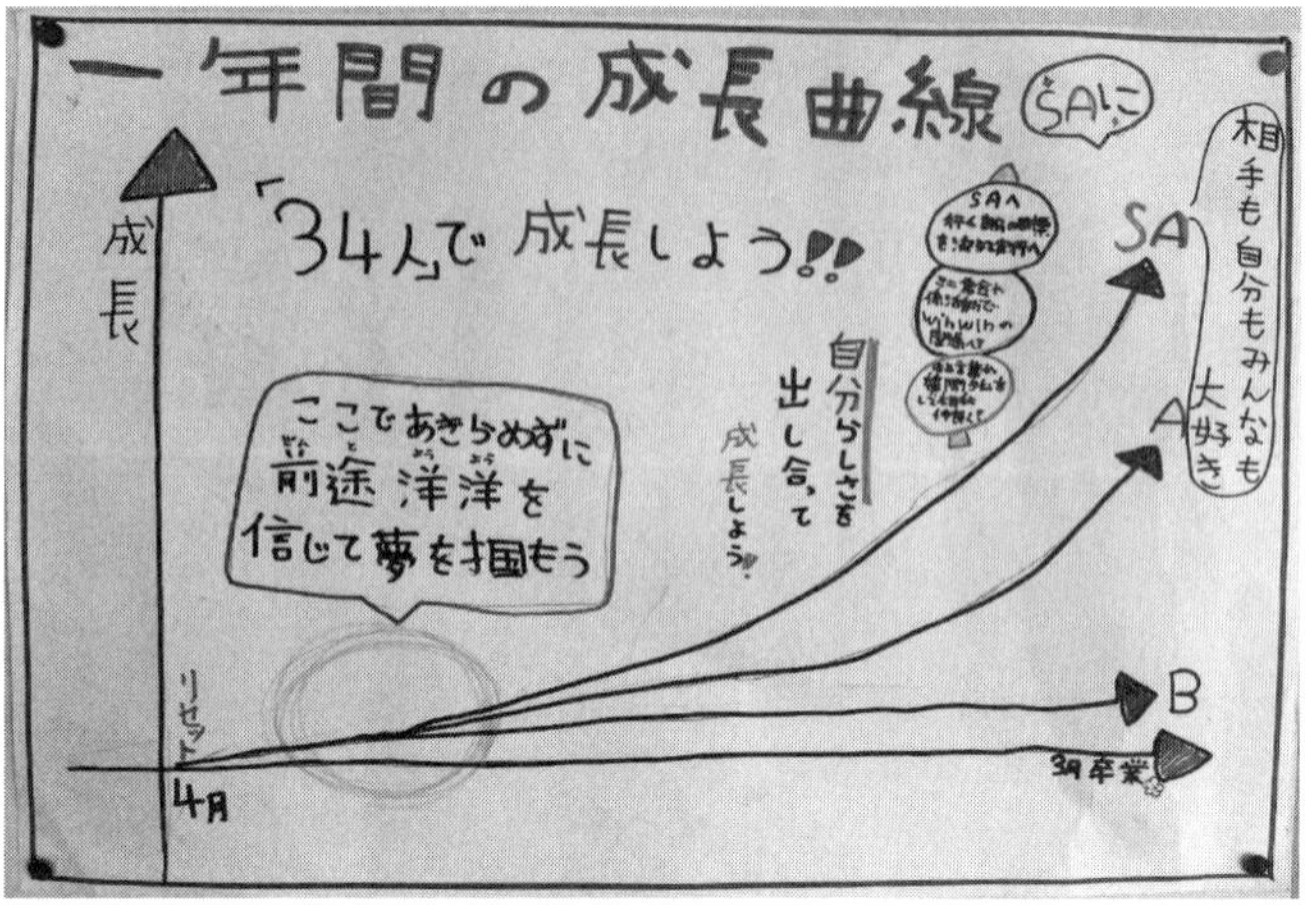

成長曲線

ら、「菊池先生が子どもたちを見て、開口一番どんな言葉でほめるのかを知りたいのです。毎日、ほめることが違うから、その中でいちばん良いのを選びたいのです」と言われました。私は、なるほどなと思いました。一日のスタートを教師がほめてあげる。あるいは、こうやった方が素敵だよというようなことを、一年の最初にほめることをとおして教えてあげる。そういうことの大切さを、子どもたちとぶつかりあう教室の先生方には伝えたいなと思っています。

本間 山本五十六氏の「やってみせ、言って聞かせて、させてみせ、ほめてやらねば、人は動かじ」という言葉がありますが、多くの先生は、言って聞かせるというのはよくすると思いますが、やってみせるというところが非常に少ないと感じます。英語で言うとディレクション(direction)。指示というのはたくさんしますが、デモンストレーション(demonstration)、明示するということが少ないですね。頭に同じDが付きますが、後者のDが非常に少ないと思います。

例えば、「読書感想文を書きなさい」という指示をするだけではなくて、先生がこの本を読んだらどう書くのかというお手本を見せることがとても大事だと思っています。コーチングでいうと[LET'S]です。率先垂範、書きなさいではなくて、書こうと言って先生自身も書くのです。ほめなさいではなくて、ほめようというのが本当に大切なのです。

子どもたちは、先生の言うことをやるのではなくて、先生がやっていることをやるのです。いじめがあるということは、先生が子どもたちをいじめているのだと私は思います。

菊池　最初に見ていただいた動画の中の「ほめ言葉選手権」で卓上ベルをほめていた男の子も、先生が嫌いと思っていたのでしょうね。4年生までは、担任の先生から、何をしても「ダメ、ダメ、ダメ」と言われるだけだった、叱られてばかりいたと言っていました。じゃあ、どうしたらいいのかを言ってくれなかったと。教師が子どもに寄り添っていなかったのだと思います。

本間 私は、教員研修の講師をよく担当していますが、学校の先生って本当に大変だと思います。学習指導要領は10年たてば変わってしまいますし。多くの学校では事務職員が一人しかいない中で膨大な事務作業をされています。当然、多くの事務的な負担を、クラス担任の先生たちもしなくてはいけないわけで、教育活動に打ち込む時間的な余裕がなかなかないのが実態だと思います。私が教頭先生や副校長先生を対象とした研修での鉄板ネタは、「『教頭先生』と書いて『いたばさみ』と読む」です。それで、会場に一体感が出ますね。

先生たちを責めても仕方がないわけですから、先生たちに元気になってもらうことが何より大切です。ほめると言っても、人をほめる余裕やエネルギーがないのが実態じゃないでしょうか。先生に余裕がなくて、先生に自己肯定感がないと、子どもをほめられないですよ。先生の自己肯定感をどのように上げていくかというのが、教員研修を行う際にいちばん心がけていることです。

子どもを信じる

菊池　新年度を迎える前の段階の教員を対象としたセミナーでよく質問として出されるのが「最初の段階では、何が大切なんでしょうか」というものですが、私は、「技術的なことではなく、ピグマリオン効果(4)を信じましょう。この子たちが良くなるとどれだけ信じられるかで一年間が決まるんだ、それを思い続けられるかで決まるんだ」というような答えをします。方法はあとでいいから、教師である自分の根底に、子どもを信じる気持ちがなければ子どもの成長はない、ということを伝えたいですね。

本間　コーチングでも、ヒーローインタビューというのをします。自分で上手くできた、上手くいったと思うことを5分間ずつ話すのです。ヒーローインタビューと呼んでいるポイントは、まさにピグマリオン効果です。みんな、その人なりに、いつかヒーローになる可能性をもっています。野球の試合が終わった後のヒーローインタビューでは、ホームランを打った人や完封した人が呼ばれていますが、実は「あのバントがあったじゃないか」とか、「ベンチで大きな声を出した人」もいますし、ユニフォームも着ていないマネージャーもスコアブックをつけて、試合に必要な備品を完璧に揃えているわけです。一人ひとりが、いつかはヒーローになれるという可能性を育てていくのがコーチングです。

全ての人を同じように育てていくのではなく、一人ひとりの潜在的なポテンシャルを引き出していきます。これはeラーニングではできません。中国最古の詩集「詩経」の中に有名な「切磋琢磨」という言葉が出てきます。翡翠（ひすい）とか瑪瑙（めのう）とか宝玉の数々も地面から掘り出してきた状態では輝いてはいません。「切」は、のこぎりで切る、「磋」はやすりで研ぐ、「琢」は、のみで穿って形を整える、「磨」は、こまかな粒子で仕上げ磨きをする。こうすることによって、翡翠や瑪瑙や水晶など、宝玉本来の輝きを引き出して、北京や台北の故宮博物館に陳列されているような宝物に仕上げられていきました。学校という場所は、その切磋琢磨の場です。子ども同士だけではなくて、子どもをとおして保護者にも磨きがかかります。学び合いの場なのです。

菊池 ある編集者の方に言われて、なるほどなと思ったことがあります。「今の時代は、言（ごんべん）の『調える』という発想が必要だ。家庭も地域も変化して以前のように全体が平均的という状況ではない。みんなが違っている。そのでこぼこした違いが生きるような調和の、調律の『調える』を教師が考えないと、今までどおりでは、はみ出してしまう子が出るだろう」というようなことです。ますます子どもたちは変化しているわけですから、教師が発想を変えないと、学校現場はもっとぎくしゃくしたものになると思うのです。

本間　「調」という漢字は「しらべ」と読むわけですが、これまでの学校教育は、音階に喩えるとすれば「ドドドドド…」とみんな「ド」を出すことを求めていました。ハーモニーというのは、音の違いを前提としています。美しいハーモニーが生まれるのは、それぞれの音に違いがあるからです。先日とあるセミナーで、ハンドベルのデモンストレーションがありました。みんながそれぞれ勝手にバラバラに鳴らすと、ハンドベルは、不協和音にしかなりません。指揮者がいて、その人の指揮に合わせてベルを振ると、ちゃんと曲に聞こえてきます。さらに、指揮者が「今度は、ほかの人の音を聞いて、考えながら自分が鳴らしたらいいと思うところで鳴らしてください」と言うと、それが全体として美しいハーモニーになるという素晴らしいデモンストレーションでした。一人ひとりが全体の調和を考えると、全体として上手くいく、素晴らしいことができるというデモンストレーションでした。

菊池学級の子どもたちは、それをやっていますね。ほめ言葉のシャワーも、前の子と同じ内容にならないように工夫していますよね。ボキャブラリーを増やすことにもなるし、今度はどうしようかと新しい選択肢を探し出し、自分らしさをどうやって出すかということを考えていると思います。新しい選択肢を生み出すということを、短い時間の中でやっています。

菊池 そうですね。ほめ言葉のシャワーで話される内容は、不思議と同じにはならないですね。33人からほめられると、その子なりの多面的なことがいろいろと分かりますが、それだけではなく、ほめ言葉のシャワーを聞いていると、ほめる方の子どもの中にも「その子らしさ」があることに気付きます。一人ひとりの「らしさ」が、ほめ言葉のシャワーの時間に広がっていきます。

本間 そこで話される言葉の全てがプラスのストロークであるということが大事で、これがたし算だけではなくて、かけ算でシナジーとなって、ポスターに描かれている「成長曲線」のような急激な成長につながっていくのだと思います。多くの学校教育の現場は、やはり、マイナスのストロークの言葉が多い。「遅刻するんじゃない」とか、「授業中に寝るんじゃない」といった、禁止の命令文が炸裂しています。当然、自己肯定感が下がりますから、悪循環になっています。先生がプラスのストロークで言葉を発し、児童・生徒もそれを発するというように、お互いにプラスのストロークが増えると、教室がプラスのエネルギーで埋め尽くされるようになっていくのです。

ニューヨークの地下鉄から落書きが消えたのと同じ効果で、汚れたところには落書きがされ続けていたけれど、それまでの落書きを消して地下鉄をきれいにしたら、落書きがしにくくなってきれいになったということがありましたが、それと似ています。プラスの言葉が教室に満ちてくると、マイナスの言葉を言いにくい雰囲気になりますよね。プラスの言葉は、プラスの意識を呼びこむのです。

仏教に「八正道（はっしょうどう）」、八つの正しい道という言葉があります。正見、正思惟、正語、正業、正命、正精進、正念、そして正定の8種の徳のことを言います。その中の「正語」が、菊池先生流に言うところの、「プラスの言葉から入るとプラスの行動が生まれ、プラスの関係性が生まれる」ということと同じで、仏教の教えに共通したものがあると思っています。

（4）ピグマリオン効果　教師の期待によって学習者の成績が向上するという現象

教師の役割

菊池 子ども同士の関係を変えるのは、子どもたちだけでは無理なんですね。そこに入っていって、マイナスの状況をプラスに変えられるのは、教師しかいないのです。だからこそ、教師は、その責任みたいなのものをもって教室に行くべきだろうと強く思っています。

本間 そうした菊池先生の思いを、責任が重すぎると感じる人が多いのではないでしょうか。それも、プラスに読み替えて、人を育てることができるチャンスであり、よそさまの子どもを含めて育てることができるなんて大きな喜びだと感じられるかどうかだと思います。菊池先生が教員になられてから、この子たちに出会えて、成長に立ち会えてよかったと思えたことが何回もあったと思います。

菊池 今だから言えるということもあるんですけど、クラス全員の子どもにたいして、この子たちは、自分なんかよりすごい人間に絶対育つんだという思いをもっていなかったらだめです。ほめ言葉選手権でスピーチをしていた子のことを、私は「エジソンか、アインシュタインか、○○か」と言っていましたが、そういう「子どもたちの名誉のために」という思いをもっていなかったら、排除の理論が出て来るでしょうし、ある意味、それが現在の多くの先生の姿なのかもしれません。

本間 そうですね。自分より下に見てしまったら、先生を超える児童・生徒は、絶対に出てきませんよ。「出藍の誉」というのは素晴らしい言葉で、教師にとっての最大の誇りは、自分を超える子どもを育てていくことで、それが教師としての最大の喜びのはずです。「みんな、俺以下だけどね」なんていうのは、全く自慢にもならないことです。日本の英語の先生がしてしまいがちなことですが、「結構俺より英語ができないやつら」と、英語ができない人を、再生産してしまっていることはよくあります。

菊池 私は、教員最後の1年間は、実は、あまり職員室に行きませんでした。放課後に職員室に行くと、先生方が学級や子どもの悪口を言い合っていて、悪口言葉のシャワーが広がっていくような状態だったのです。

本間 それはいけないですね。そういう状態は、「私は無能な教師です」と宣言しているようなもので、「あなたも無能よね、私も無能なの」と言い合っているのと同じです。

菊池 職員室でこそ「ほめ言葉のシャワー」をやるべきだと、強く思います。

本間 やはり、先生方の応援団になっていく必要がありますよね。教員がニュースで取り上げられる多くは、盗撮したとか、酒を飲んで車を運転したとか、良くないことばかりです。先生が工夫してこんな授業をやりましたという話は、ほとんどニュースになることもありません。そうなると、先生たちも、無事に無難に最小限のことしかやらない、みたいになっていってしまうのです。

菊池 マスコミは悪。保護者はいろいろ文句を言うから悪。そうして外の環境から守りに入っている学校、先生がいかに多いか、ということです。そうではなくて、マスコミも地域も、上手く使えばいいのにと思うのですが、現状では、閉塞感だけが漂っています。

本間 「誰か何とかしてくれないかな」と、待っていても何も始まりませんから、私自身は、小学校・中学校・高等学校という学習指導要領で学習内容が決められている場所での教育はしないで、大学や企業研修を中心にしています。大学は、ある意味自分のやりたい放題ですし、企業研修も自分の思っていることを自由にやれる場です。どちらも、内容についての管轄がありませんからね。基礎力財団とか、しつもん財団とか、キャリア教育ネットワーク協議会とかグローバルキャンパス・ジャパンとか、自分の本家本元である学習学協会といった、文部科学省の規制のないところで、新しいプラクティスをいっぱいつくっていこうと取り組んでいます。

学校の制度は、人がつくったもので、全然絶対的なものではありません。しかし、現実はそれにあまりに多くの人が囚われています。「それは、ルールでやってはいけないことになっていますから」とか文句を言われても、「良いことをやる分には、言われてもやり続ければいいではないか」と大きく構えて取り組めばいいわけです。菊池先生も、その辺はいろいろご苦労されたと思いますが。

コミュニケーション力で未来を拓く

菊池 平成17年に「小学生が作った　コミュニケーション大事典」[5]という本を担任していた34人の子どもたちと一緒につくりました。学校の近くにＴＯＴＯ株式会社があったのですが、そこの人事の方と面識がありまして、完成したその本を見せたところ、菊池先生が取り組まれていることは、企業の新入社員研修とよく似ている、ということをおっしゃられました。ということは、中学や高校、大学では一体何を教えているんだ、ということになるわけですよね、と盛り上がったことがあります。

私がしてきたことや、これからやりたいと思っていることを、中学や高校、大学でやることができれば、これまでとは違う研修のスタイルができるのではないかと思っているのです。国が、社会人基礎力の最初としてコミュニケーション能力が重要だと言いながら、そのことを学校が全然担っていないという現場の体制は、なかなか変わりそうにありません。

本間 菊池先生がつくられた「『話し合い力』を育てる　コミュニケーションゲーム62」

などを使いながら、コミュニケーション教育をやってみようとされている先生たちを勇気づけて、サポートしていけるといいなと思います。

菊池 小学校・中学校・高校・大学の全ての先生たちが、豊かなコミュニケーション力を身に付けている子どもや学級の姿を、ご存知ないのだと思います。とにかく、はみ出るなという価値観が現場を支配しています。新年度の4月くらいは、子どもたちは「今年こそは…」と期待をしているからいいのですが、6月くらいになると学級崩壊が起こり始めます。夏休みが終わって、9月に仕切り直して再スタートしますが、やはり11月になると、また再び学級崩壊するということが起こっています。

そもそも、今の先生方は、小学校、中学校、高等学校と、一斉指導型の授業を受けていて、それを思い浮かべながら授業をやっている人が多いわけです。それをいきなり、子どもに関わる形に変えましょうと言われたとしても、かなりの勇気がないとできないですし、もっと言えば、自分の指導観、子ども観を変えることが怖いようです。実際は子ども中心に変えてしまった方が、楽になるんですけどね。なかなか一歩が踏み出せないという先生が多いのかなという感じがしています。

本間 菊池先生の教室の動画を見せていただいて、こういう教室が全国に広がっていくといいなと思います。こうした実践の輪が広がっていくといいですね。現在、菊池道場の支部は全国にいくつくらいあるのですか。

菊池 今、準備をしていますが、40支部程度でスタートすることになると思います。各支部の方々にセミナーを主催していただくことも多いのですが、参加されている先生は、若い方が多いですね。

各地の教育委員会に招かれて研修の講師を務めることも多くなってきましたが、そこにいらっしゃる先生方は、ある意味動員されて参加されていますので、会場の雰囲気も随分違います。自身が求めて参加されている先生と、呼ばれて何となく参加している先生の違いは、はっきり肌で感じます。後者の参加者の中には「誰だこいつは」という顔で私の顔を見ている人もいますので、やりにくいですよね。私の話を聞いても、指導観や子ども観を変えてはくれないという気がします。

本間 私が、教員向けの研修をするメインターゲットは、まさにその人たちです。そんな人たちにどれだけ伝えられるかが私の仕事だと思っています。最初はみんな、眉間にしわを寄せて私の顔を見ていますよ。なるべく早い時期に、二人組をつくってもらって、体を動かすことをします。体自体が硬直しているので、なるべく早めに体を動かしてもらいます。体が動くと、意識も柔軟になりますからね。アイスブレイキングです(6)。

菊池　そうですね。結局、コミュニケーションを重視した授業には動きがあります。座学が続く学級と、コミュニケーションを重視した動きのある学級とでは全然違います。

本間　ある学校で講演をしたときに気付いたことがあります。そのときは、体育館に300人くらいの生徒が集まって私の話を体育座りで聞いていました。30分くらいすると体の向きが変わってくるんですね。その様子を見て、机は教師の方を向かせるための拘束具なんだと思いました。そして、早めに休憩時間をとったら、男の子は急に走り回り始め、女の子は髪の毛をさわり始めました。「そうか、我々は猿か。そうか、我々は霊長類か」と気付いたのです。走り回ったり、毛づくろいをしたり、猿の姿そのままでした。成長の過程で社会性の部分を磨いていかないと、本能に支配された動物のままで終わってしまいます。まさにただの「群れ」です。

それが集団として機能していくためには、リーダーシップに期待をする人もいますが、私は、フォロワーシップも重要だと考えていて、要はコミュニケーション力ですね。これまでの教育は、ＩＱ（Intelligence Quotient＝知能指数）に軸足を置き過ぎていたと思います。「人間」になっていくために必要な社会性を磨いていくということを、これからは重視していかなくてはなりません。「○○ができる」という能力は一元的なものです。もっといろいろな味わいがある多面的な能力観に立つことが大切ですね。ほめ言葉のシャワーは、その多面的な内容をもった素晴らしいものだと思います。

菊池 人間は、強いか弱いかというような二元的な単純な価値観では測れない存在だと思います。子どもたちは、毎日毎日の生活の中で様々なことを体験していく中で、人間って面白いんだな、不思議なんだなということを、体で感じています。

（5）「小学生が作った　コミュニケーション大事典」　平成17年に菊池省三氏が北九州市立香月小学校の6年1組を担任していたときの児童34名がつくった本。あらき書店刊。その後、平成26年中村堂から復刻版が発行された。

（6）アイスブレイキング　初対面同士の参加者のお互いの緊張を解かして、関係を築くことをねらいとしたアクティビティ。

「価値語」がつくる温かい教室

本間　習ったことは使いたいという欲求や意識がありますから、うまくそれに並行して「価値語」を提供し注入していくことで、子どもたちの中にプラスのストロークが循環していくという状況を上手くつくり出されているなと思います。

菊池　以前、敬語の授業をしたあとで、ある子が相手を敬うような行動を見せたことがありました。私はそれをほめたのですが、それを見た別の子が「行動の敬語」だと言ったんですね。私はその子のことも大いにほめましたが、そうした教室の中で日々起こっている様々なことを教師がどう捉えられるかどうかの違いだろうと思います。チャンスをどう捉えていくか。教室には、チャンスがいっぱいあるんですよ。

本間　やはり、菊池先生の体験してこられた「価値語」に、私が解説をつける形の本を一緒につくりましょう。「価値語」を実践され始めたのはいつ頃からですか。

菊池 「価値語」は、たぶん7、8年前からだと思います。「価値語」の中で全国的にいちばん有名になったのは「一人が美しい」だと思います。今の子どもたちは、一人でいることができないんですね。トイレに行くにも友達と手をつないで行くという光景はよく目にします。一人でもいられる力を身に付けてほしいと思います。「沈黙の美しさ」という言葉も有名になった「価値語」です。発言できなくて黙っている子に対して、「さっさと話しなさい」というのは簡単ですが、一生懸命相手に対して言葉を返そうとしている沈黙の時間を美しいと感じたときに生まれた言葉です。クラスのみんなが、その様子をプラスに受け止めることができた結果、「沈黙の美しさ」という「価値語」が誕生しました。

「価値語」は教室の温かい空気の中で生まれてくるものです。この動画を見てください。ある女の子が、掃除の時間が終わって、廊下の雑巾をそろえているところです。女子の雑巾をそろえ終わったら、自然な形で男子の雑巾もそろえています。「一人が美しい」という言葉を示すと、行動が変わります。そして、子どもが変わります。私が近寄っていっても特に気にする様子もありません。こうした様子を写真や動画にとって「価値語」を添えて、教室の子どもたちに示すと、子どもは敏感に反応します。教室にはいろいろな人がいて、それぞれに役割を果たしていく、自分の役割を見出すと教室がその子

一人が美しい

にとって、とてもいごこちの良いところになります。ほめるところはいろいろあります。教師の力量が問われていると思います。

本間 カメラを向けられても、ニコッとするわけでもなく、いい感じですね。人は、おおざっぱに抽象的な言葉でほめられるよりも、具体的にほめられる方がいいのです。「やぁ、君はいい子だね」では、何も分からない。「一人で雑巾をきれいに並べてくれてありがとう。取りやすくなったし、見た目も美しい。そろえている後姿が凛としていました」とほめられたら、子どもは本当にうれしいでしょうね。

菊池 細部を具体的にいかにほめてあげられるかが、子どもたちを変えていく我々教師の勝負だと思います。この雑巾を直してくれている女の子もある意味独特な子で、友達となかなかなじめないタイプの子でした。

本間 内向性の高い子のように見受けられますね。

菊池 教室の入り口に100円ショップで買ったホワイトボードを掛けていますが、そこに子どもたちがいろいろなことを書いています。これは、曾根崎さんという女の子が、その日のほめ言葉のシャワーの主人公の坂口さんのことを書いています。坂口さんの好きな四字熟語「錦上添花」という言葉を紹介しています。曾根崎さんが坂口さんを大事にしているんだというのを、クラスのみんなが見てから教室に入ってきます。何をすることが価値が高いことなのか、こうした作品に毎日触れながら、子ども同士が高め合っていきます。次の日は、また別の子が別の方法で高い価値を示していく。それの積み重ねですね。曾根崎さんは、私の主催する先生向けのセミナーに何度もやってきました。

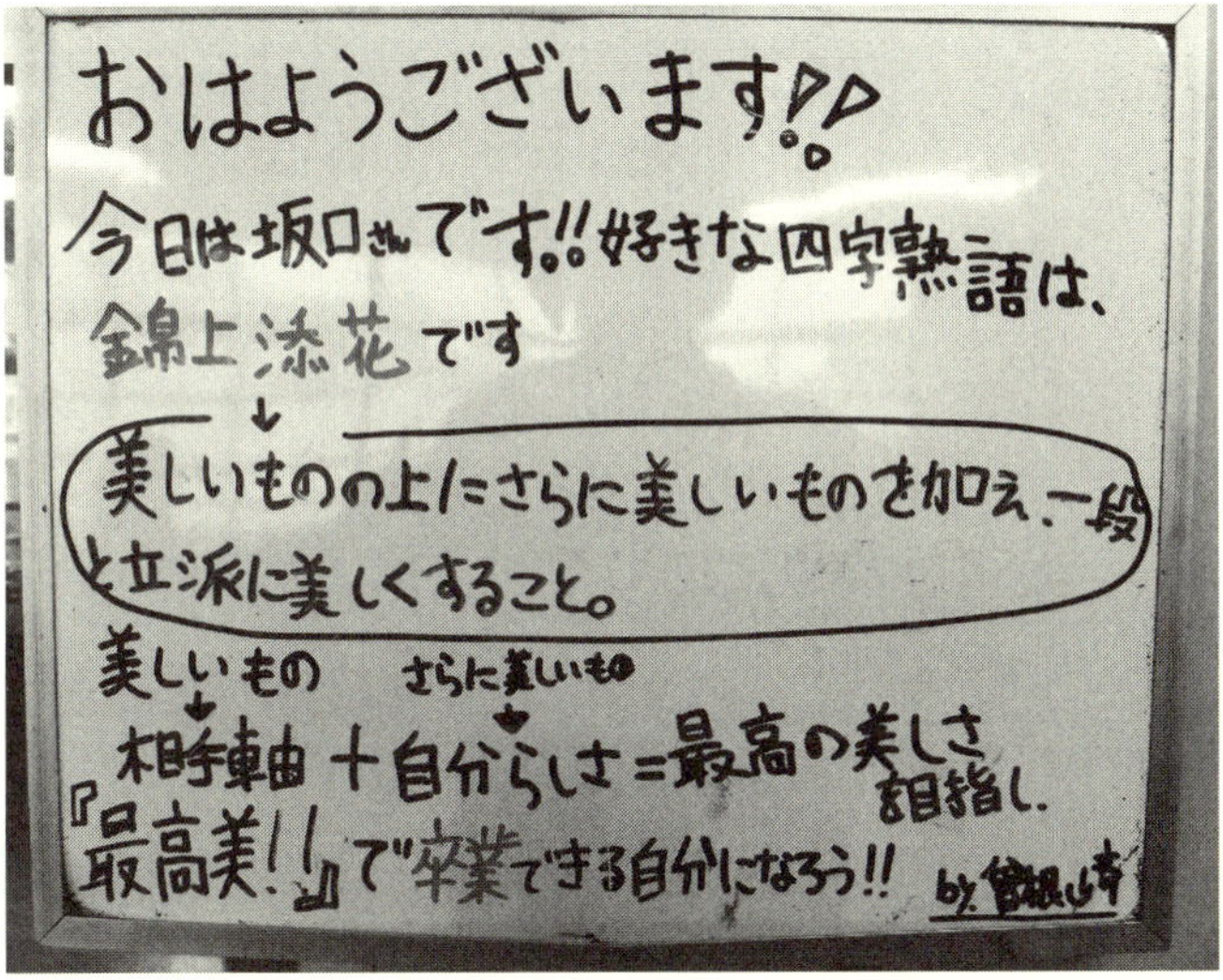
おはようございます!!
今日は坂口さんです!! 好きな四字熟語は、
錦上添花です
美しいものの上にさらに美しいものを加え、一段と立派に美しくすること。
美しいもの
さらに美しいもの
相手軸 + 自分らしさ = 最高の美しさ
目指し
『最高美!!』で卒業できる自分になろう!!
by.

その場での私からの無茶ぶりに応えるのが楽しいらしいのです。伸びたがりやなんですよね。

本間　そうですね。無茶ぶり、あるいはインプロ（Improvisation＝即興）は、非常に大事です。例えば、卒業式に、みんなで順番に6年間を振り返るメッセージを読み上げるということがよく行われていますよね。「楽しかった修学旅行…」というパターンのものです。でも、予定された原稿をどんなに上手に読んでもらっても気持ちは伝わってこないですよね。紙に印刷して配ればいいだけの話でしょ、と思ってしまいます。でも、インプロで話したことは、そのときに湧き上がってきたことなので、真実の言葉が出てきます。

冒頭に見せていただいた「結婚記者会見」は、インプロですよね。もちろん原稿があるわけではありません。考える教育が大事だといいますが、それを実現する一つの方法論は無茶ぶりだと思います。いい意味での、ピア・プレッシャー(7)の活用法だと私は考えています。みんなが見ているから沈黙を続けるわけにはいかないという緊張感から、いつも以上に脳が活性化して、最大限の能力を発揮する。火事場の馬鹿力という言葉と同じですね。質問する側も、前の子の質問を聞きながら、かぶらない面白い質問をしようと一生懸命に脳を高速回転させながら考えます。この場でどう答えれば、聞いているみんなに面白いと思ってもらえるかということを相手軸で考えるということですね。

菊池 授業も同じだと思います。コミュニケーション対応型の授業は、即興で新しいことを見つけていくのです。

本間 一斉授業では、脳のCPU(8)に変化はありません。でも、インプロ的に考えさせる授業ですと、今まで得てきたCPUの性能が上がると言われています。考える力が伸びてくるのです。それも、一瞬一瞬状況が変わっていきます。自分が何番目に発言するかということでも変わりますし、自分らしさを出さなくてはいけませんし、菊池先生の教室は、毎日インプロをやっているようなものですから、学習効果もとても高いと思います。

（7）ピア・プレッシャー　周囲の仲間（peer）から受ける圧力（pressure）。集団で認められた規律や価値観、行動様式に従わなければならないとする同化圧力。
（8）CPU　コンピュータなどで中心的な処理装置としてはたらく電子回路。中央演算処理装置と訳される。

新しい「授業観」を問う

菊池　私は授業観、学級観を変えたいのです。「観」そのものを変えないと、今の時代に対応できないと強く思うからです。私のつくった「授業観の試案」をご覧ください。子どもの違いを生かす授業を目指しています。だから、コミュニケーションを大事にした話し合い・対話の学習であり、言葉の指導を根底にした指導が必要だと考えています。

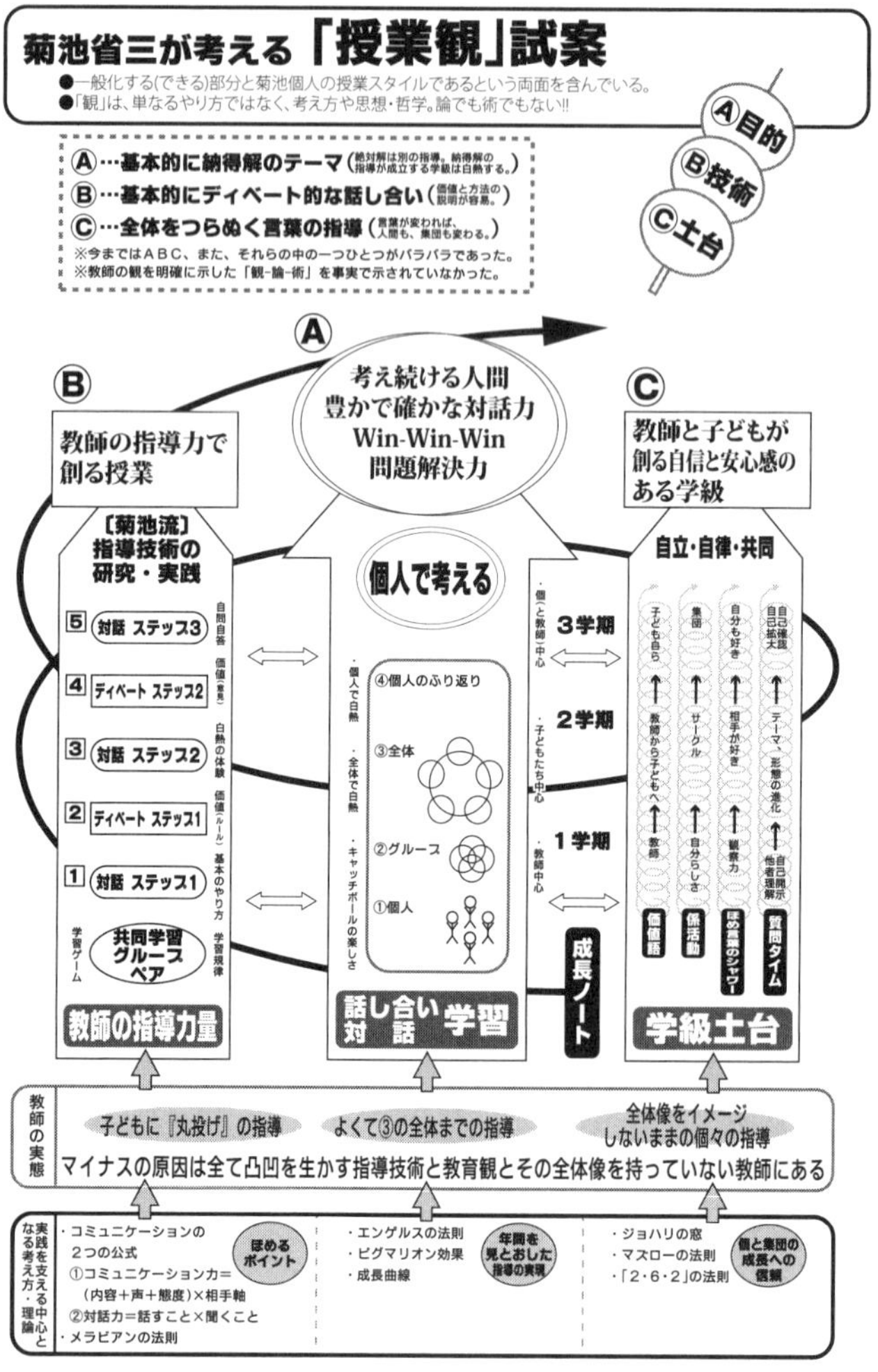

菊池省三の考える授業観

こうした全体像を示しつつ、具体的な授業や子どもの成長の様子を示しつつ、試行錯誤をしながらですが、少しずつでも変わっていけばいいなと思っています。

本間　この表について、私の意見を二つ述べます。一つめは、Ⓐの個人とグループ、全体以外に、先生が児童・生徒にコーチングするという、先生と子どもが1対1になる関係を入れたらどうかということです。1対1の関係が対話力を高めることになるからです。もう一つは、Ⓑに、ディベートが二つありますが、どちらかをダイアローグ（対話）にしたらどうだろうかということです。

菊池先生も対談をされた松本道弘先生[9]は、私自身も大変勉強させていただいた大先輩です。松本先生の前で通訳をしたことがありまして、ミネソタ州立大学機構秋田校というのが1989年に開校しました。現在は、国際教養大学という名前に変わっています。その開校のセレモニーで、大阪府議会の議長がスピーチをされましたが、私がその通訳をしました。とは言っても、用意された原稿の通訳ですから、訳した原稿を用意していました。型通りのあまり内容のないあいさつ文を読んでいましたが、私がアドリブで「Thank you for coming. と言いましたところ、松本先生から後で「あれは良かったよ」とほめられました。とてもうれしかったことを覚えています。そんな思い出がある私にとっての大先輩であるわけですが、菊池先生との対談本「ディベートルネサンス究論復興」（中村堂刊）を読ませていただいて、「対話力検定」というのを始められようとされていることを知りました。対話は、ダイアローグと訳されています。ディベートは否定するところから入りますが、ダイアローグは正解のない問いを発して否定はしません。「あなたはそう考える、私はこう考える」という、視点の幅を広げるものです。聞き合うということがとても大事だと思っています。

私は、愛のダイアローグというのを、大学生や社会人の研修の場で行うことがあります。4～5人のグループをつくって、目をつぶってもらいます。その状態で「思いつく色は何?」と聞きます。そうすると、赤とか青とかいろいろ言います。そして、「それをどうして思いついたのか話してください。どうぞ」と続けるのですが、日本人はなかなか口火を切らないですよね。目をつぶることで、周りの空気を読めないようにして、話し始めやすいようにしているのです。発声すると副交感神経が優位になりますから、会話が弾みやすいということを発見したのです。こういう話をすると、自分とは違う反応がでてきて「何で?」と思いますよね。それで、人に対する興味が出てきて、自分との共通性や違いが浮かび上がってくるのです。テーマは愛ですが、食べ物を使うと自己開示の度合いが高まったり、心と心のコミュニケーションの度合いが深まったりします。

余談ですが、「口火を切る」は、場の空気を良くするためですから、価値語ですね。

菊池 小学校では、4年生からクラブ活動が始まります。最初に自己紹介をしますが、「4年1組の○○です」と、クラスしか言わない子が多いです。自己開示をした経験がないし、そのことの価値も知らないのでしょう。ほめ言葉選手権で卓上ベルをほめていた子は、4年生までいじめられていたのですが、5、6年生になってお客さんが来たら、「僕のチャームポイントはこのヘアスタイルです」と、それまでいじめられる対象になっていたくるくると巻いた髪の毛を、うれしそうに紹介できるまでに変わっていきました。自己開示をすることで、人ともっと親しくなりたいという気持ちなのだと思います。現在の多くの教室を支配している空気は、周りの子たちと同じことを言っていたほうがいい、叱られないようにして、そして、目立ちすぎないようにするというものです。最後の菊池学級の子どもたちと、この春に卒業してから話したときに、出会った5年生の頃はどんな気持ちでいたのと聞きました。すると、教室の前に出ていくときは、だるそうに、いやいや出ていく態度をわざととっていたと言いました。周りの空気からはみ出さないようにするために、やる気を見せられないんですね。それくらい、4月や5月の段階は人間関係ができてないから、周りが怖いんですね。教室にいる子どもたちの心理と、教師の気持ちがいかにかけ離れているかということです。つくづく勉強になります。

本間 自己紹介についていうと、私は、プラスアルファを提案しています。「自分を動物に例える」とか、「好きな漢字一文字を言う」というのを自己紹介の中でしてもらうのです。そうすると、人によっての色が出てきます。その人らしさが微妙ににじみ出るんですね。「動物に例える」ことによって、少し守られているように思えるのです。自分そのものを語るのではなくて、ワンクッションあるように思えるので使える方法だと思います。

菊池 私が教員をしていた北九州市内では、毎年秋に一週間の学校開放週間がありました。私の教室には、全国から多くの先生が連日来られましたが、子どもたちに「お客さんに自己紹介をしましょう。『動物に例えたら』を入れて自己紹介をしましょう」と呼びかけました。その中で、ある子どもが、「僕は、動物に例えるなら豚です。おなかが出ているからです」と言ったのです。普通だったらいじめにつながるようなことを言っているので、私自身大変驚きました。「そんなことを言わせたらいじめにつながるじゃないか」と、私が批判の集中砲火を浴びる場面かもしれません。でも、実際は、周りの子どもたちも参加されていた大人たちも「なるほどね」とか言いながら聞き合って、微笑みながらその様子を温かく見てくださいました。すごい場面だったと思います。

本間　さっきの結婚記者会見も、見る人によっては、アカハラ(10)だという人もいるでしょう。信じて任せるということを菊池先生がずっとやってきていて、プラスのストロークに満ちているから、それがいじめの材料にならないのです。プラスの言葉のシャワーの蓄積があるからだと思います。

菊池　子どもたちには、友達や先生、そして学級に対する絶対の安心感があるのだと思います。さきほどの「成長曲線」のポスターをつくったのは6年生の1学期の終わり頃でした。これをつくった子は、5年生のときも私が担任をしていました。6年生になって1学期が過ぎようとしている時期に、クラス全体はまだまだ成長という実感のない段階にいることも冷静に認識しながら、卒業までの成長の確かなイメージを描いて、このポスターをつくって、友達に「ここであきらめずに前途洋洋を信じて夢を掴もう」と訴えているわけです。これはすごいことです。まいったなと思いましたし、教師として最高の喜びでした。

本間 「伸び悩む時期を乗り越えて」ということは教科書に書かれているかもしれないけれど、自らが経験して会得して、真実として語っているのとでは、大きな違いがあります。これを書いた瞬間、彼女にとっての宝物、一生役に立つ行動指針となったわけです。

菊池 中村さんが、リバウンドうんぬんと言っていましたが、こういう体験をした子は、簡単にはリバウンドしないと思います。私は、「人間を育てる」ということを常々言っていますが、こういうことがその意味であり、ここに具体例があると思っています。

本間 リバウンドという言葉は、普通、ダイエットをして痩せたけれど、また元に戻ってしまうという意味で使われますが、成長の授業で身に付けたこととして普遍して使っているのが素晴らしいですね。菊池先生がどこかで使っていたのですか?

菊池 私が本に書いていたことを読んだのだと思います。マーカーで線を引きながら読んでいましたから。

本間　言ったことではなくて、やったことを真似しているわけですね。黙っている子ほど、先生のしていることをよく見ていると言います。大人が、子どものお手本としての意識をどのようにもつかが問われますね。

（9）松本道弘　1949年大阪府生まれ。英語同時通訳者。NHKテレビ「上級英語」講師。日本にディベート（究論道）を広めたことで知られる。現在、国際ディベート学会会長。

（10）アカハラ　アカデミックハラスメント。教職員がその権力を濫用して学生や部下の教員に対して行う嫌がらせ行為。

個別の対応が必要な現代の子どもたち

菊池　私が教師に成りたての頃は、先生が子どもに対して「こうしなさい、これはだめだ」というようなことを、ある程度は目の前の子どもたちの姿・ふるまいを見たままに言っていれば通用しました。ところが今は、いろいろな子がいますから、一人ひとりの様子をよく見ながら、私は「深読み、深掘り」と言っていますが、ていねいにていねいに個別に対応してあげることが必要になっています。

担任である教師に対しても、心理的に切れてしまう子が増えてきたなという実感をもっています。

本間 そうですね。高度経済成長の時代には、たとえば製鉄所で働く工員さんを育てるという視点で考えれば、指示をちゃんと聞いて、時間を守って、真面目に一生懸命仕事をする人を育てるということが学校に対する社会的な要請だったでしょう。それ以前の、炭鉱が全盛期の時代であれば、コツコツと一生懸命働く人が求められていたと思います。

時代は変わって、炭鉱は閉山し、製鉄所の設備も進歩しました。コミュニケーション能力が求められたり、新しい選択肢を創ったりというように、仕事自体も変化しています。そうした中で、学校教育の内容は当然変わらなくてはいけないのですが、社会と学校の間にはものすごい時差があります。おそらく数十年の時差がそこにはあるのではないかと、私は思っているのです。

菊池　そうですよね。私自身の中では、自分のライフヒストリーの中で、困った子どもや学級に出会って、何とかしようと思って、コミュニケーション教育の道に入り、どっぷりと浸かってきました。私が20年位前に主張し始めたことと、今言ってることは変化していのかというと、そんなには変わっていないと思っています。今言っている「授業観の転換が必要だ」という話も、20年前から言ってきていることです。それくらい時差があるというか、変わらないわけです。本当に変わらないです。ですから、それをどこかで変えてやろうと思い、立場を変えて戦いをはじめようと思っているところです。

私が今日、本間先生にお聞きしたかったのは、「教育学から学習学へ」と主張されていらっしゃるわけですが、先生ご自身が、強く気づかれた、そして考え方が変わったという、直接的なきっかけみたいなことはあるのですか。

教育学から学習学へ

本間　私が、松下政経塾のスタッフをやっていた1990年6月から91～92年の頃です。91年に学校施設の開放についてグループ研究をしました。当時、東京都杉並区の区長だった山田宏氏から少子化で区内の小学校に空き教室がいっぱい増えているので、それを高齢者のための施設に転用できないかを考えてほしいと言われまして、それがきっかけで、学校というものについていろいろ調べました。その中で、私は、教育の責任者である校長と学校の施設管理の責任者は分離したほうがよいとか、事務職員を増員しようとか、もっとＩＴ化を進めようというようなことを整理して、壁のない学校、枠を超えた学習というレポートをまとめました。

その中で痛感したことは、学校というのはいろいろな意味で教える側の都合でできているなということです。学校というところは、学ぶところのはずですが、校門をくぐれば、教室があって、教壇があって、教卓があって、教師が教科書を使って、各教科を教えます。そして、教えたことが分かったか分かっていないかを試験で点数をつけて評価をしています。こうした見方そのものが、圧倒的に教師の側の都合でできていると思ったわけです。

文部科学省の諮問機関である中央教育審議会が、文科省の基本方針を決めるわけですが、そのメンバーはほとんど教える側の代表です。大学の先生と、校長先生経験者。経営者とかジャーナリストとかスポーツ選手が混じっていますが、学ぶ側の代表なんて一人もいません。あらゆる教育政策は、教える側の都合でできている。そして、教える側に立った「教育学」はあっても、学ぶ側の立場を取り入れた「学習学」がない、ということに気づいたのです。学習学、英語でLearnologyというのが必要だなと思ったのが91～92年くらいです。長い年月はかかっていますが、私の考えを、今、本としてまとめているところです。

アクティブ・ラーニングを成功させる土台

菊池　今、盛んにアクティブ・ラーニングのことが言われています。これからの学び方としてアクティブ・ラーニングというものを文科省が出してきて、今検討されている新しい学習指導要領の中で、新しい学び方として規定しようとしています。私自身は、ある意味アクティブ・ラーニングを、これまでもずっと激しくやってきていますので、このような形で提案されていることについて、「やっとこのときが来た」と大変興味を持っています。

ただ一方で、どこまで成功するかなという心配が私の中にあるのも正直な気持ちです。まず私は、「授業観」そのものが大事だと思っているわけです。教室の中の子どもたちは、同じではありません。でこぼこでこぼこしています。その学級の子どもたち全員の一人ひとりの良さが生きるように、学級の土台をしっかりと作っていく必要性を考え、私はずっと実践し主張してきているわけです。学級の土台があるからアクティブ・ラーニングができるというのではなくて、同時に進んでいくと考えていますので、学級の土台を作りつつ、アクティブ・ラーニングの手法を取れ入れていかないと、アクティブ・ラーニングは成功しづらいのではないかと私は思います。絶好のチャンスがやっと今来たと思っています。

ただ、来たにもかかわらず「観」が変わらないのです。そして、人間同士の温かいつながりというものを大切にしていこうという教師の学級づくりがないと、ただアクティブ・ラーニングの技法を取り入れましたとやっても、やけどをするくらいで、私はあまりうまくいかないのではないかと思います。アクティブ・ラーニングを拡げたいけれども、その辺りのことを私は危惧しています。

本間 私も、大変危惧しています。アクティブ・ラーニングという名の新しい演目のパッシブラーナー（受動的学習者）をつくるだけではないかと。「え、これをやらないといけないの、あ、ディベート？　グループワーク？　はいはい、これでいいですか」となりかねません。アクティブ・ラーニングをいやいやらされるだけです。私は、今後、アクティブ・ラーニングについての教員研修をしていくことになると思いますが、先生方には、アクティブ・ラーニングの体験を存分にしていただいて、なんて楽しいんだろうというのを味わっていただきたいなと思っています。

最初からすべての先生がアクティブ・ラーニングをするということ自体無理なことですから、学校の中で何人かでも「やってみよう」と思う人たちに始めていただいて、そうした中で数が増えていってコミュニティができたり、フェイスブックでつながったりして、ベストプラクティスが共有されるようになっていけばいいなと思っています。

文科省が旗を振ると、文科省から各教育委員会、教育委員会から各学校へというのは、どうしても指示命令になってしまいます。人は、指示命令では動かないですからね。

菊池 現場の教師は、小学校から大学を卒業するまでの間、アクティブ・ラーニングの学びをしていないのが実態です。ですから、当然ですが、アクティブ・ラーニングの価値も楽しさも分かっていないと言わざるを得ません。本間先生がおっしゃったように志を持たれた先生が、やってみようかと思って輪が広がっていくということに望みをかけたいと思います。現場が変わることが大切で、トップダウンはだめですよね。

学校の役割は何か

本間 学校にできることはたくさんあると思いますが、多くの人は学校に過剰な期待をいだき過ぎていると思います。1年間は8，760時間ですが、学校で過ごす時間は年間35週で、授業の時間で言ったら1，000時間程度です。学校だけに期待して人間を育てるということは過剰な期待だと思わざるを得ないのです。それ以外の社会の様々な取り組みの中で、国をあげて次世代の人間を育てていくという発想に立たないといけないと思います。

着手小局という言葉もありますが、やれることからやっていくしかないので、私の立場で言えば企業研修とＮＰＯの活動、そして大学という現場で、学習学をベースに伝えているところです。

菊池 学校教育を含めて、社会全体が、そっちの方向に行くことはまちがいないですね。

本間　学校は、社会性を涵養するところであり、コミュニケーション教育がいちばんの柱だと思っています。教えられる人材が少なくて、学ぶ必要のある人がたくさんいるときは、一斉授業が合理的なわけです。

黒板をさかのぼると中東地域で発明された石板がもとになっているようですが、黒い石に水で文字を書いて、多くの人に同時に文字を教える方法として創り出されたと言われています。今の時代は、スマホの中に学習資源はふんだんにあって、例えば英語の発音も文法もオンラインで簡単にチェックできます。こんな時代なのに、学校教育には時差があってイノベーションが進んでいません。

菊池先生の実践は、ＩＱ（Intelligence Quotient＝知能指数）中心からＥＱ（Emotional Intelligence Quotient＝心の知能指数）中心になっているのだと思います。先ほど映像で、菊池先生の教室の子どもたちのスピーチを拝見しましたが、自己理解・自己認識を深めている様子はすごいなと思いました。ＥＱは、自己理解、他者理解、他者との関係構築の三つの柱でできているわけですが、菊池学級はそれを実践されていますね。自己理解はどういうふうにして深まっていくかというと、社会や他者とのかかわりの中ではじめて自己認識は深まっていくのです。菊池先生の「価値語」は、ＥＱのキーワードとかなり共通していると思います。

菊池 最後の私のクラス子どもたちが、5年生の最後のときに、私が主催する教師が学ぶセミナーにやってきました。参加されていた先生から「自分らしさを、見つけられましたか。それを教えてください」という問いが出され、それに四人の子が答えました。そのうちの一人の子が「私の自分らしさは、『Y語（よーし、やるぞなどのYのつくやる気のある言葉）』が言えることです。4年生までは、『D語（でも、だってなどのDのつくやる気のない言葉）』が多かったのですが、5年生になってからは、失敗しても『よし、やるぞ！』っていう気持ちや言葉を言えるようになりました。みんなが困っていても『よしやろう』と（みんなに）言って、みんなも『じゃ、やろうか』という感じになって、自分が（みんなを）勇気づけられるから、自分が大好きです！」と言ったのです。他者との関係の中で、相手をとおしてしか自分のことは分からないものですが、相手も好きだけど、分かった自分を大好きですって言えることがすごいなと思いました。

中村愛海さんは、自分の好きなところをノートに書いていました。四月の最初の頃は、自己に対する否定と他者に対する否定です。それが、ほめ言葉のシャワーなどに取り組んでいくと、「こういうところがいいなと思う」というふうに変わっていって、一年が終わる頃には、自分のここが好きなんです、と書くようになります、成長は、大体このパターンですね。

本間　ほめ言葉のシャワーをとおして、ほめられる体験をしていると、実生活の中でほめられたときに「いえいえ、とんでもない」という反応をしなくなるのがいいですね。ほめられたら「ありがとう」というポジティブなストロークで返すと、ほめるという望ましい行動が増えていきます。「いえいえ」と言われると、ほめたこと自体が否定されたように思えて、ほめる行為をやめてしまうものです。電車で若い人が席を譲ると、「いえいえ私は若いですから」と言って断ると、それを見ていた周りの人たちにも影響して、電車で席を譲るという美しい習慣が減っていってしまうんですね。

よいことをしてもらったときに、感謝の気持ちが加わると、プラスのストロークがさらに増幅していくのです。ほめるという行為の中に、○○をしてくれてありがとう、という感謝の気持ちも入っているんですね。それにしても、菊池先生の画像や動画の量は膨大ですね。

菊池　教室は宝箱みたいなものですね。人間の良さ、美しさ、素晴らしさが詰まっています。それを刑務所みたいに、出る日を待っているような状況では本当にだめですね。毎日毎日、新発見の連続です。

全人格をかけて子どもと向き合う

本間 雑巾をかけている様子などが象徴していますが、自分のしていることは当然のことで、特別でもなんでもなく、そこにてらいがないのが素晴らしいですね。

菊池 別の教師向けのセミナーにも子どもたちが自主的に参加しました。そして、セミナーの中で参加者から質問をされて、マイクを持って堂々と答えていました。その会場の入り口に何か掛かっているなと思ってみたら、会場に来る途中の100円ショップでホワイトボードとペンを買ってきて、写真にあるような作品に仕上げて、自主的に掲示していたんですね。途中でホワイトボードなどを買って、教室で普段しているように、会場で即座に書いて、そしてセミナーの入り口に掛けているということ、全てがすごいですよね。非日常は成長するチャンスなんだと捉えて、大人のセミナーに積極的に参加しようという強い気持ちがあります。

本間 エンパワメント(11)ですね。子どものもっている力を、菊池先生が最大限に引き出され

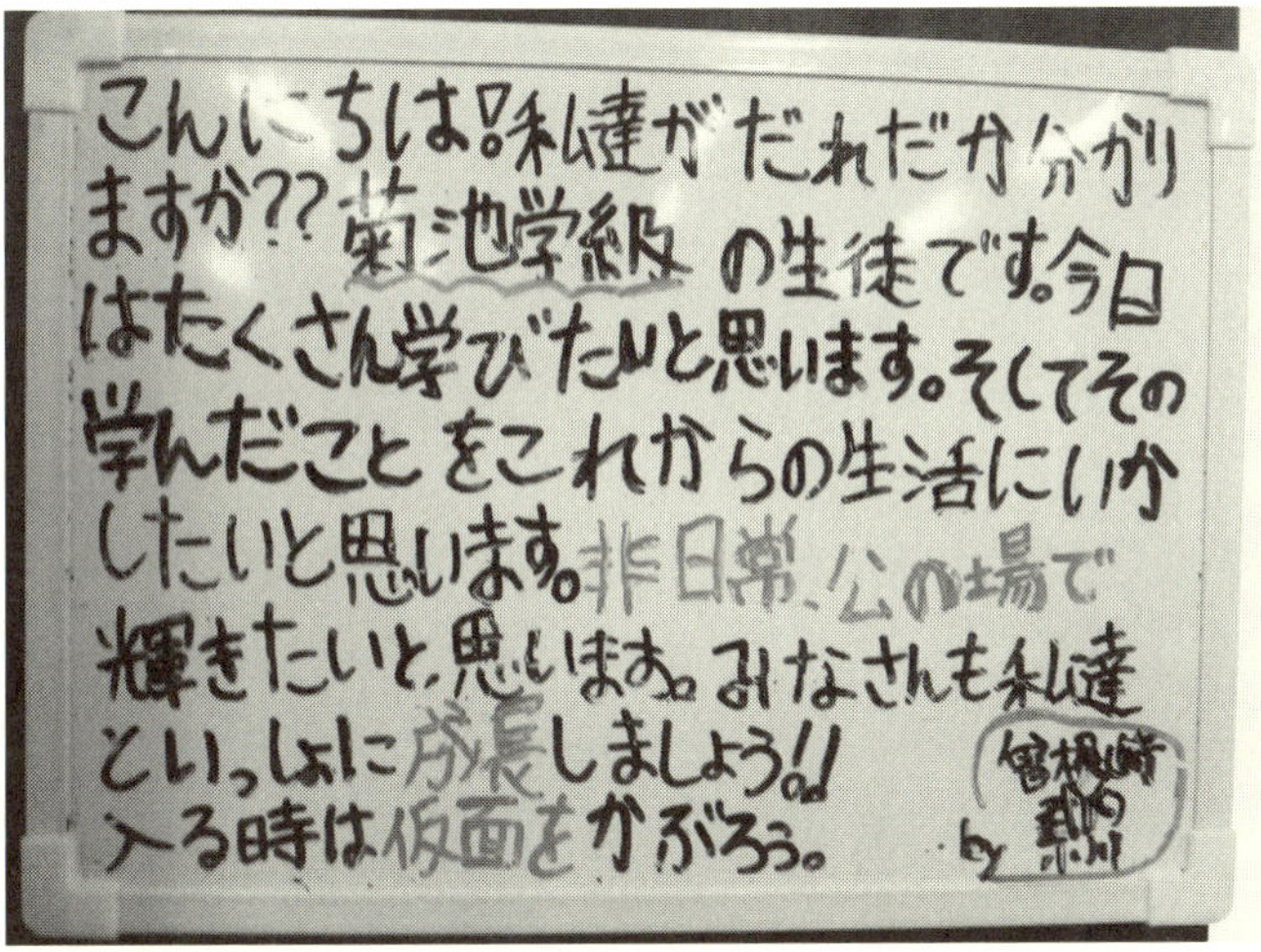
こんにちは！私達がだれだか分かり
ますか??菊池学級の生徒です。今日
はたくさん学びたいと思います。そしてその
学んだことをこれからの生活にいか
したいと思います。非日常、公の場で
輝きたいと思います。みなさんも私達
といっしょに成長しましょう!!
入る時は仮面をかぶろう。
by

セミナー会場に掛けられたホワイトボード

ていると思います。お小遣いでホワイトボードを買い、誰に頼まれたわけでもないのに自分のイニシアティブで、小学生である自分から大人に向かって呼びかけています。そして、セミナー会場の入り口に勝手にホワイトボードを掛けていいかどうかと自分の行動を規制することもない。コーチング的な視点では、成長しなさいではなく、仮面をかぶりましょうと自分をまきこんだ形でリーダーシップを発揮しています。そういう内容が書かれていますが、素晴らしいです。つかみは、「私たちがだれだか分かりますか⁇」という質問です。質問力というのは考える力です。質問を考えるということは、

まさに考えることです。知っていれば、質問に答えることはできますが、質問をつくるためには、いろいろなことを考えなくてはいけません。考える力を伸ばそうとしたら、質問を考えるというトレーニングが大切です。大人も子どもも、学び合うということは、非常に重要なことです。

菊池 この子たちは、教室を飛び出しています。旧態依然とした学びではなくて、教室を飛び出して学ぼうとしています。初めて出会う人、それも大人だらけ、そして場所も変えてまで学ぼうとしているのです。私が感動するのは、そのパワーです。そのすごさを子どもたちから逆に示してもらい、人間は、どこまでも伸びるということを勉強させてもらいました。

本間 私が提唱する「学習学」ですが、それはどういうものですかと訊かれると、まずは「ライフ・ロング、ライフ・ワイド、ライフ・ディープ」と答えています。「ライフ・ロング」、生涯にわたって学び続ける。私は、「最終学歴」という言葉を死語にしたいのです。私はセミナーなどで「ここに学びに来ている方々は、ご自身の最新学習歴を更新している」と言っています。「ライフ・ワイド」、広く学ぶ。学校だけが学ぶ場所ではなく、通学の途中でも家庭でご飯を食べていても、ＬＩＮＥでやりとりをしていたって、どこでも学べます。「ライフ・ディープ」、深く学ぶ。ちょっとした一言や、行動の一つ一つに全人格が現れます。国語テストをしても、国語の点数という人工的な分類ではなく、全人格が投影されていると見るのが「ライフ・ディープ」で、まさに人間的な成長が投影されているのです。

菊池　学びを表面的に捉えるのではなく、一枚の作品の中にどのような成長を見るかという視点があるから、いろいろなことをほめることができるのです。

この子は（次ページ上の写真）、「おはようございます」の「は」を丸で囲んでいます。「は」をはっきり言うといいということを分かっているから、「は」に丸をつけています。相手のことを好きになろう、みんなでＳＡ（成長段階　B→A→SuperA）になろうというこの子の誠実な学びや、みんなで伸びていこうという友達に対するまなざしが伝わってきますよね。

次のページの下の写真は、ほめ言葉のシャワーの日めくりカレンダーです。この子は、サッカーが大好きな女の子です。「私が宇宙まで飛んでいくぐらいポップコーンのようにはじけるようなほめ言葉を言って下さい」と書いていて、学級への絶対的な信頼

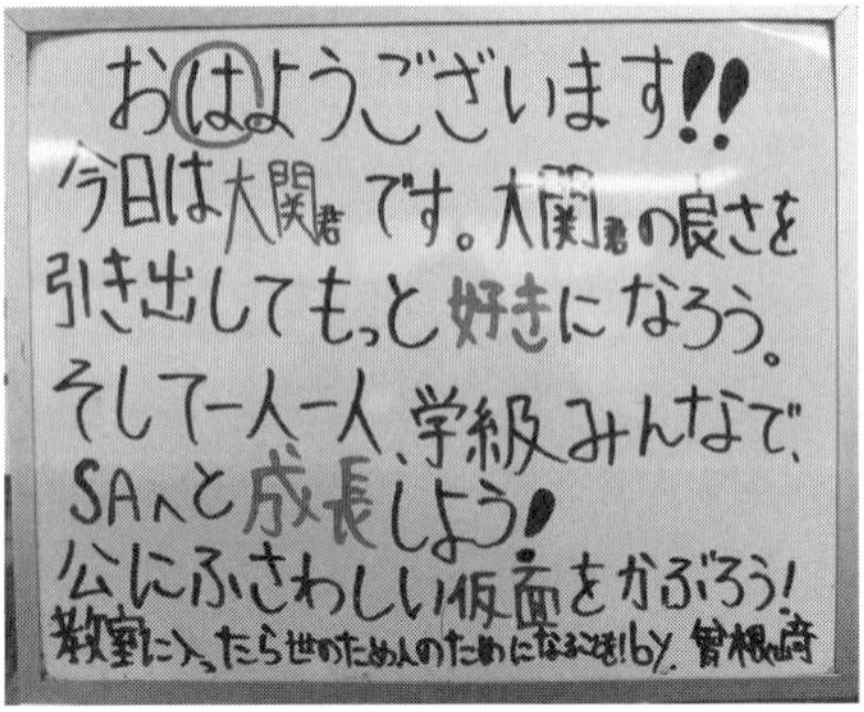
おはようございます!!
今日は大関君です。大関君の良さを
引き出してもっと好きになろう。
そして一人一人、学級みんなで、
SAへと成長しよう!
公にふさわしい仮面をかぶろう!
教室に入ったら世のため人のためになること!! by. 曽根崎

11
25
火
希望
なんでやねん!!!
いつも笑顔で明るい
希望をもって生きよう。
活発(K)
いつもボケておもしろい。大好き。(W)
曽根崎 妃那

があります。

本間　形容の仕方がすごいですね。弾けていますね。サッカーが大好きなのでしょうが、サッカーのグラフィックを使い、表現や構成など、すばらしく個性が発揮されていますね。

菊池　こうした作品の一枚一枚にも、個性が出てきますね。作品主義に陥ってしまうと、こうした個性は出ないものです。

本間　そうですね。美術の先生は、どうしても美術の作品としてしか見なくなってしまいます。菊池学級は、菊池先生が全人格をかけて、子どもの全人格を見ようとしています。全人格と全人格の融合というか、対話が一瞬一瞬行われているということだと思います。良い先生の条件として、まず一人の学習者として良い学習者であるということが非常に重要です。成長曲線を実現するためには、教師がそれをやり続けるという気概こそが、非常に重要だと思います。

菊池 さきほどの中村愛海さんのスピーチを聞くと、思わず私は「生きていてごめんなさい」と言いたくなってしまいますが。12歳の段階で人生で大事なことをすでに学んでいて、人間って本当にすごいなと思います。

本間 12歳の少女を、これだけ輝かせられたのは菊池先生だからであって、ほかの学級ではあり得なかったことです。研修でもそうしたことをしますが、相手にやや負荷をかけて、能力を引き出そうとします。私も、されたことをしますが、された相手は最大限応えようして頑張ってくださいます。菊池先生は、無茶ぶりをどんなふうに位置付けていますか。

菊池 さきほどの「ピグマリオン効果」じゃないですけれど、この子たちなら絶対できると思って無茶なことをふっていますね。小学生を相手にしていましたから、「これを言えない6年生はいないね。絶対言えるね。楽しみだね。何を言ってくれるんだろう」と話しながら、ある程度時間は与えて、その子ができるように、ある程度成功するように、導いていくという感じでしょうか。

本間 基本は、信じるということですね。できると信じる。菊池先生がおっしゃっているように、ある意味「できるよね」と暗示をかけてあげることは大切ですね。仮に、うまくできなかったとしても、「何やってるんだよ」とは絶対言ってはいけません。できたところまでが、その段階のその子の最高なのですから、今のは良かったと具体的に見つけてほめてあげます。教師のほめる力で最大限の評価をして、自己認識を高めてあげるということが何よりも重要だと思います。

菊池　教室の前に立って意見を言う場面で、意見が言えずに沈黙してしまう場合があります。前に来て立っているだけで偉いと私は思っていますから、そんなときには、教室のいちばん後ろに立って、大きく手をたたいてクラスの全員を振り向かせるというようなことをします。前に立っている子をクラスの全員が「いつ話し始めるんだ」と見つめている負の空気を払拭するために、そんなことをするのです。

宮沢賢治の作品である「やまなし」の舞台になっている谷川の深さはどのくらいあるか、という問題についての話し合いがずっと続きました。その話し合いが、あまりにヒートアップして、授業が終わって給食の時間になっても話し合いが終わらず、とうとう喧嘩になってしまったこともあります。谷川の深さを巡って喧嘩が起きるような熱い学級はないと思います。次の授業が始まっても、頭に血が上った空気が残っていたので、私は、「○○君が、今から一発芸をします。一人でも笑ったら○○君の勝ち」と無茶ぶりをしました。するとその子は、くるっと回ってセクシーポーズというのをやって、ヒートアップした空気を一挙に和らげてくれました。無茶ぶりとか、空気を変えるとか、引きずらないで軌道修正をするとか、子どもたちもやってくれましたね。経験の中から、いろいろなことを学んでくれていたと思います。

本間　多くの先生は、「喧嘩しちゃだめ」と言って、探究すること自体をつまらなくしてしまいます。谷川の深さを探究することをポジティブに評価する能力が決定的に違うのです。中途半端に「失敗を恐れるな」と管理職がよく言いますが、こういうときに「失敗」という言葉は使わない方がいいのです。私は「未成功」と言います。質の高い未成功が成功につながるのです。仮に結果が出なかったとしても、いかようにもフォローができるということです。

(11)　エンパワメント　人に夢や希望を与え、勇気づけ、人が生まれながらにもっている生命力を湧き出させること。

第二章

「ほめ言葉のシャワー」の特徴と効果

本間正人

一　「ほめ言葉のシャワー」その特徴

（1）観察力、表現力、思考力

「ほめ言葉のシャワー」は、その取り組みの一連の流れの中に、現在日本の子どもたちに必要とされている能力である「観察力→表現力→思考力」という三つの力を育んでいくことができるというところに最大の特徴があります。

現在の教育では、表現力についてやりましょう、思考力についてやりましょう、観察力についてやりましょうと、ある意味ばらばらの取り組みになってしまっているのが現状です。様々な取り組みがなされていて、一つ一つは素晴らしいものですが、関連性が薄いのが課題です。

「ほめ言葉のシャワー」は、まさに一気通貫で、初めから終わりまですべてそろっています。総合的なコミュニケーション教育になっていることが、とても素晴らしいのです。

①観察力

「ほめ言葉のシャワー」を機能させるためには、まず観察力が必要です。菊池学級の子どもたちを見ていると、本当に細かいところまで観察しています。

見方にも三つの特徴があります。

一つめは、美点凝視といって、美しいところを探し出そうとして目を凝らして見ています。「友達のよいところは何だろう」、「友達のがんばったところは何だろう」、「友達の素晴らしいところは何だろう」と良いところを探して見ています。

世の中の企業の多くの管理職は、部下の欠点ばかりを探しています。欠点を補うのが上司の役割だと思い込み、良いところを見つけてほめられない人が世の中には多いのです。親も子どもに対して、そういう傾向があります。

菊池学級の子どもたちは、友達の良いところをポジティブな目で見ています。このことが習慣になっているというところが素晴らしいのです。

人間は、目に入ったものをすべて認識できるわけではありません。認識の受け皿、これは、レセプターと言いますが、受け皿が用意されたものだけ認識されるのです。「この部屋の中で赤いもの」と言えば、赤いものが目に入ってくるし、「正方形のもの」と言えば、正方形のものが見えてくるのです。

普段の生活の中で何も言われないと、自分を基準に、自分よりも劣っているものとか、自分は得意だけれど友達は苦手だとかいうように、欠点の方が見えやすいのです。特に、上司と部下の関係や、先生と生徒の関係にそんな傾向が強くあります。あるいは、良いところを見るときには、羨望とか嫉妬の感情が入るものです。

良いところを探すと、良いところが見えてきます。菊池学級の子どもたちがこれを毎日続けているのは、本当に価値のあることだと思います。

「くさい」、「デブ」、「どんくさい」、「勉強ができない」、そんなネガティブな言葉を吐いて、いじめが始まっていきます。

良いところを探すことが習慣化されていると、いじめとは全く逆の「みんな一人ひとりに素晴らしいところがある」という意識からスタートします。これは、いじめ対策の抜本的な方法であり、考え方だと思います。いじめがあったのかなかったのかという調査をしても、無意味です。いじめは、定義できないものです。本人がいじめられたと思えばいじめがそこにあるわけですから、「いじめがあったかなかったか」とマスコミはすぐ聞きたがりますが、そもそも無理な話なのです。厳密に定義することが難しいものを「0」と「1」のどちらかに分けて報告するという調査は、実に矛盾に満ちた行動です。

この美点凝視型の菊池学級の取り組みならば、いじめを確実に減らすことができます。全国に広まっていってほしい取り組みです。

観察力の二つめの特徴として、多面的な観察力、友達とは異なる角度から見る力が育っているということです。「ほめ言葉のシャワー」でクラス全員がほめている中で、子どもたちは、前にほめたコメントと内容が重複しないように言っています。友達が言わないことはどんなことだろうと違う角度からほめる子を見つめ、探すようになります。出来事を言う子もいれば、性格について言う子もいます。発言の中身や言葉遣いについて言う子もいれば、考え方や取り組み方を言う子もいますし、行動力や洗練された所作を言う子もいます。その子を一面的に捉えるのではなく、多面的に見るということができているのです。

これは非常に重要なことで、いじめは、人を一面的に見ていることが原因で起こります。人種差別や障がい者差別、高齢者差別など、差別はすべて人を一面的に見るところから起こっています。もっと言えば、国籍だけで何人《なにじん》は敵だと見なし、自分と相手は違うという心のレッテル貼りから戦争は始まります。多面的に国や人を見ることができたら、必ず共通点はありますから、戦争は起こりにくくなります。

菊池道場で、「ほめ言葉のシャワーは戦争防止につながる」という言い方はしないと思いますが、この取り組みは、人を多面的、複眼的に見ることができるようになり、差別意識をなくして、平和な社会をつくっていくための民主主義リテラシーの根幹に関わるものだと確信しています。

観察力の三つめは、詳細な、細かい観察力ということです。これはとても重要なことです。漠然と見ると、よいところが見えてこないだけでなく、快か不快か、かっこいいかダサいかと、見たものを二極分化させて、カテゴリーの箱の中に入れ、それで認識したことにしてしまい、単純化した思考になってしまうのです。世の中にはこれが蔓延しています。好きか嫌いか、いいか悪いか、可愛いか可愛くないか、二極分化したデジタルな捉え方です。

細かく見るということを菊池学級の子どもたちはしています。「〇〇という言葉を使ったのは素晴らしかった」とか、「あのとき、すぐに駆け寄っていって慰めてあげていたのが素晴らしかった」など、細かい事実を的確に見ています。私自身、京都造形芸術大学で教員をしていますが、実は絵を描くのが苦手なのです。「これは花だ」と抽象的な認識をしてしまうので、目に入っていても、花の細部がどうなっているのかということが見られなくなってしまうのです。言語フィルターがかかってしまうのです。細かく見ていくと、このバラの花びらはこういうカーブになっているとか、この葉は凹凸が面白い模様になっているというように、細部に神は宿るという言い方がありますが、細部に自然のもの、あるいは人の素晴らしさが宿るわけです。細かい観察力が伸びていくというのは、とても重要なことだと考えます。

②表現力

「ほめ言葉のシャワー」の取り組みには、表現力を育てる要素がたくさん入っています。「言葉で人を育てる」と菊池先生はよくおっしゃっていますが、表現には二通りあります。言語表現と、非言語の表現です。どちらも大切ですが、人の素晴らしさ、優れたところを表現する語彙力が伸びることによって、トータルな表現力が伸びていきます。

6年生の子どもたちに「友達をほめる『ほめ言葉』を5分間で書けるだけ書いてください」というテストを、「ほめ言葉のシャワー」を実践している学級と、していない学級の二つに対照実験のような形でしてみると、語彙力に歴然と、圧倒的な差がつくと思います。

菊池学級的な取り組みをしているところは、辞書的な意味が分かるかどうかではなくて、ほめ言葉が実際に使える状態になっているのです。語彙にも二通りあって、読めば意味がわかる言葉をパッシブ・ボキャブラリーと言います。日本人は、受験英語を勉強しているので、英語のパッシブ・ボキャブラリーを多くもっていますが、しゃべることは苦手です。また、小学校6年生では、「率先垂範」とか「勇気」、あるいは「潔い」という言葉は知っていますが、友達を形容するときに使うアクティブ・ボキャブラリーになっているかというと、そうではありません。意味は分かっていても、使ったことはないでしょう。「潔い」なんて、美しい言葉ですが、普段使うことはないでしょう。

「ほめ言葉のシャワー」に取り組んでいると、この言葉がどのような文脈で使われているかということを友達が使うのを聞いて観察したり、自分でも調べて使おうとしたりします。日常的に、文脈の中で価値語やほめ言葉を使う学習がされているのです。対照実験をすると、アクティブボキャブラリーは、おそらく数十倍のレベルで違うのではないかと思います。大学生と比べてみても、大学生の方が少ないような気がします。

語彙力が伸びることによって、表現力も、観察力も、そして思考力も伸びます。最初に書きました「観察力、思考力、表現力」というのは、リニア（直線的）ではなく、循環構造になっています。お互いに影響しあうのです。例えば、「潔い」という言葉を覚えた人は、「潔さ」ということを認識するフレームワークが頭の中にできるわけです。そうすると、試合で負けたときにさわやかに自分から握手を求めた子を見ると、「ああ、あの子は潔いな」と思い、言い訳をしないで唇をかみしめてじっと耐えている子を見ると、「潔い」と思うようになります。「潔い」という言葉を知らないと、「唇をかんでいる」で終わってしまうのです。ですから、語彙力、表現力が付くことによって、観察力が伸びるという、このループは、すごく重要です。

「動画で見る　菊池学級の子どもたち（中村堂）」のＤＶＤに収められた「ＳＣＥＮＥ10『ほめ言葉のシャワー』は、心を開ける鍵」を拝見すると、小学校６年生の女の子が、見事なレトリック（修辞法）を使っています。レトリック、あるいは修辞法という言葉が教科書に出てくるのは、高校の国語ではないかと思います。比喩が代表的なものですが、「比喩には、隠喩、暗喩、換喩があって…」と授業で学ぶわけですが、普段の生活の中では、なかなか使えません。文学作品をたくさん読んでいる子は、自然に身に付くものですが。そのＤＶＤの中では、古賀優実さんという6年生の女の子が、「晴れ晴れ」とか、「人の心を開く鍵」などの言葉を使っています。本当に気の利いたことを言っていますね。「ほめ言葉のシャワー」に取り組むと、表現力が豊かに育っていくのです。

今の世の中、メールやスマホ、ワープロを使うのが当たり前になっていますから、文章表現がどうしても単調な短文中心になります。これでは、自分の感情をうまく表現するとか、的確な語彙で伝えるという力が伸びにくくなってしまいます。だから逆に、メールとかＬＩＮＥでは、顔文字やスタンプを使って、絶対的に不足する感情表現を補おうとしているわけです。でも、face-to-face のコミュニケーションでは、スタンプは使えません。ですから、レトリックの力を伸ばすというのは、すごく重要なことです。

教室で黙って静かに座っているというのが、今日の教室では、良い子なのかもしれません。ペーパーテストの成績はいいかもしれませんが、実社会に出たときに、face-to-face のコミュニケーション能力が育っていないと、営業活動ができず、プレゼンテーションが貧弱で、クレーム対応もできません、という大人になってしまいます。私が企業研修の講師をすると、そういう管理職の嘆きをいっぱい聞きます。

子どもの頃から、自分の気持ちをうまく言葉に乗せて伝えるという基礎トレーニングをしていれば、社会に出たときに確実に生かせるのです。

③思考力

思考力、考える力は、とても重要です。このことは、文部科学省も、学校の先生も、親も、みんな口をそろえていうことです。思考力を伸ばすために、様々な取り組みが行われています。総合的な学習の時間も、その一つだったのでしょう。国際バカロレアでも、アクティブ・ラーニングでも、二言めには「考える力」の重要性を説きます。しかし、考える力をどのようにして伸ばすかという、方法論や実践になると非常に貧弱だと言わざるを得ません。

学校の先生が、考える力を伸ばすと言ったときに、最初にやるのは、算数・数学です。算数・数学に考える力を伸ばす役割を期待しているのです。現状の算数や数学は、短時間に要領よく答えを見つける力とか、答えまでたどり着く力は伸ばしているかもしれませんが、本当に考える力を伸ばしているかというと、残念ながらそれは実現していない場合が多いですね。算数・数学の試験問題も、コンピュータの時代にどんどんデジタル化を進めていますから、採点をするのが面倒な証明問題はやめて、短時間でいちばんふさわしい解答を見つけられる人が、高いスコアになるようになってしまっています。

算数・数学の試験といえば、以前は、プロセスが分かっているかどうかを問う問題が多かったわけですが、今は、確実にデジタル化されて、四択の算数の問題、ヤマ勘でも当たるような問題が増えています。この先、eラーニングになればなるほど、そうなってしまうでしょうから、考える力が減衰していくというのが、今日の社会現象です。

「ほめ言葉のシャワー」が、なぜ考える力を育むことができるかというと、正解が定まっていないということがいちばんのポイントです。正解があると、どうしても自分を正解の方に接近させるというアプローチになります。そうではなくて、そこには何の正解もない場面、「この子を、今、どうほめるか」ということは、誰も教えてくれませんし、参考になること、お手本になることはあるかもしれませんが、そればかり繰り返してはいけないわけですから、重複しない内容を考えなくてはいけません。

算数の正解は、何回リピートしても正解ですが、「ほめ言葉のシャワー」で行われていることは、友達と同じことを言ったら、カンニングではありませんが、真似になってしまって、ものすごい違和感が発生します。正解が一つのところでは、誰かが「56」と答えたとしても、次の人も「56」でいいわけです。前の友達が「56」と言ったときに、「56」以外のことを何か言わなければならないとすると、そこにはオリジナルの自分なりの答え、自分なりの真実を生み出していくという力が必要となります。それこそがまさに、考える力です。「56・1」かもしれない。「56と2分の1」かもしれない。限りなく近いけれども、自分なりの＋αを生み出していく。この新しい選択肢を創る力というのが、クリエイティビティ、「創造力」です。これを毎日鍛えているわけですから、この取り組みの深さに驚かされます。

教室は、小学生の子どもたちにとって一つの世界です。その世界の中で、自分で考えられるベストのところまで、ぎりぎりのところまで、毎日彼らはチャレンジしています。「今日は適当でいいや」という気持ちはおそらくないと思います。特に、一人ひとりが面と向かい、アイコンタクトをして、真剣勝負をしている姿に感銘を受けました。これは、学校教育の現場でも、大人の現実社会の中でもめったにないことです。ある意味、その子の思考の限界まで、毎日挑戦していると言っているのに等しい状況です。一人ひとりが、「自分は、この瞬間に大切な友達に対して何を伝えるのか」ということを、突き詰めて考えざるを得ない状況に置かれているのです。

現代社会は、便利になって、考えなくても生きていけるようになっています。市場でお金をだまされているのではないか、まずいスイカを買わされようとしているのではないかと思えば、お金のやり取りを必死で見たり、どのスイカがいいかと見比べたり叩いたりします。今の世の中、自動販売機とコンビニでのやりとりが中心になってしまっていますから、考えなくても、必要最小限の生活はできてしまうのです。

かつて文部科学省は、学習指導要領を改定して「生きる力が大事」だと発信しましたが、社会全体は、生きる力をどんどん下げる方向に進化してしまいました。真剣勝負をしなくても、集中力を発揮しなくても、なんとなく切符は買えて、電車にも乗れる社会です。コンビニに行けば、物を買って食べられる。火加減を考えなくても、電子レンジを使えば、チーンと出てきます。こうなると、ますます考えない社会になっていきます。でも、菊池学級の子どもたちは、人と人との関わりで、まさに向かい合って、今、この友達のためにどんなほめ言葉を言おうかと、毎日真剣勝負をしながら、思考力を研ぎ澄ましているのです。

改めてまとめると、「ほめ言葉のシャワー」は、非常に高度な観察力、表現力、思考力を育てる一気通貫の取り組みになっていて、考える力が豊かになれば、観察力も伸び、表現力も伸びていきます。これらの三つの能力の間に相互関連、ループがあって、三つが関連し合いながら伸びていくという三位一体の素晴らしい取り組みです。

(2) 非言語コミュニケーション

「ほめ言葉のシャワー」の取り組みの特徴に関する二つめは、非言語コミュニケーション能力を非常に高めているということです。

日本の学校教育には、国語と英語の授業があって、それなりに言語コミュニケーション能力を高めるための授業はあります。しかし、非言語コミュニケーション能力を育むチャンスは、極めて少ないと思います。

発音としては正確に英語を話すことができていたとしても、あるいは文法的には正しくて100点満点かもしれないけれども、コミュニケーションとしては、非言語の部分、顔の表情、声のトーン、ボディランゲージなどが一致していないと、不自然なことになってしまいます。非言語コミュニケーションを伸ばす取り組みとして、菊池学級の「ほめ言葉のシャワー」の素晴らしいところを整理してみましょう。

①アイコンタクト

ほめられる主人公の子が、教壇に立ちながら、ほめてくれている一人ひとりの子どもと正面で向かい合って、アイコンタクトをしてコメントを伝え、アイコンタクトをして受け取っています。大学生でも、これができないことが多いのです。目を見るのを怖がってしまうのです。子どもの頃から、コミュニケーションは、アイコンタクトをきちんとするものだということを体験的に理解していれば、大人になっても不安はありません。

②距離

菊池学級の子どもたちの様子を見ていると、教室の前に立っていても教壇を左右に移動して、ほめてくれている友達のところに近づこうとしていました。空間的に近づくということは、心を近づけることにつながります。これは実験をすれば分かりますが、例えば、私が少しずつ後ずさりをしながら「やあ、◯◯さん。私は、あなたのことをすごく信用していますよ」と言ったら、相手は、信用されているとは全然感じないはずです。空間的な距離感と心理的な距離感は、強く相関しています。

戦後、日本のある大物政治家は、「膝詰め談判」が有名でした。「ここだけの話、やあ、◯◯さん、頼みますよ」と言って、膝を叩いてお願いをするのです。そうすると、膝を叩かれた人は、ノーと言えなくなってしまうのです。

菊池学級の子どもたちは、握手もしていましたし、場合によってはハグもしていました。物理的に近寄るということは、とても大事です。左右に移動して近づくだけではなくて、ほめてくれる人のところまで近寄っていく映像もありました。子どもたちにとって、最初は大きな勇気が必要だったと思います。これは、自分から歩み寄って、コメントをくれる人の、パーソナルスペース、安全地帯の中に入り込むという行為です。普通は、そこまで接近することはしません。人間のパーソナルスペースというのは、だいたい片手を回した範囲内と言われています。でも、菊池学級の子どもたちは、片手の範囲よりも内側に入って、お互いにやり取りをしています。そうすると、空間的な一体感ができて、他者と自分を超えて、「私たち、我々」という関係性に変わります。子どもたちは、そこまでの自覚はないと思いますが、菊池先生自身も動物生理学的なことをお考えではないかもしれませんが、学級自体は、「私たち、我々」という関係性の距離まで近寄っています。

そういう関係性ができてくると、親身になってコメントができるようになります。また、親身に言ってくれているというのがよく伝わりますから、言われた方も受け止めやすくなります。遠くから、「おーい、おまえ、いいやつだなあ」と言われるのとは全然違います。至近距離で言われたら、至近距離から放たれたピストルの弾丸のような勢いが、言葉にもあります。「寸鉄人を刺す」という言葉がありますが、言葉の表現力があまり発達していない子でも、あれだけ接近して伝えたら、真心が伝わります。heart-to-heart のコミュニケーションのパワーが、何倍にも増大されます。

現代社会で、リアルな三次元の女の子と付き合えない男子が増えています。これは、少子化の重大な問題でもあります。恋愛経験がない、付き合った経験がないという人が、20代から40代でとても増えているのです。二次元の萌え系のアニメばかり見ていて、リアルな場面で、ちょっと接近したら胸がどきどきするということに対する免疫や耐性ができていないので、コミュニケーションをとれないのです。

至近距離で向かい合う体験を、小学校5年生や6年生でするというのは、将来、恋愛能力、もっと言えば、社会人として生きていき、家庭を築き上げていく能力のベースになっていると私は思います。

③スキンシップ

さらにスキンシップです。両手で握手をしています。また、目をきちんと見て握手をしています。視線が合わないで気持ちが伝わっていないと思ったときは、「やり直し」と言っている場面もありました。「はい、ちゃんと見て」と。そこまでして本気を伝えています。

女の子同士では、ハグもしていました。私は、アメリカでの生活が長かったものですから、平気でハグをしますけれども、日本人はハグしませんね。アラブとかロシアでは、ハグは、当たり前の行為です。ハグの起源は、自分は武器を持っていないということを伝えることと、相手に対して敵意を持っていないということを、伝えるためだと言われています。言葉で言っても伝わりませんが、ハグすると分かるのです。「おまえ、おれは敵意を持っていないぞ」と。敵意を持って緊張していると、どこか筋肉が強張って、その強張りが相手に敵意として伝わるのです。ハグを自然にしているのは、いいなと思います。

いちばんシンボリックなのは、先の「やり直し」と言っている場面です。伝えて終わりではなくて、伝わっているという確認ができて初めて、コミュニケーションをとっていると分かっているのです。伝わったというのは、つながっているということです。伝わっている＝つながっている。つながりというのはとても大切で、人間は、個体として生まれますが、社会的な動物として他者とのつながりの中で生きていきます。現代は、このつながり感覚が希薄な社会になっています。つながっているのはお母さんとだけという母子密着度が高い社会になっています。友達と自然につながる体験を「ほめ言葉のシャワー」を通してすることができます。「ほめ言葉のシャワー」は、つながっているという実感を、まさに体感、体得できる、稀有な取り組みだと思います。

（3）聴く姿勢

非言語コミュニケーションの側面からはさらに、姿勢が素晴らしいと思いました。聴いているときに背筋をしゃんと伸ばして、ほめてくれている友達の方をしっかりと向いて聴いていています。

形から入るというのは大事なことで、背筋が伸びると心がシャキッとします。昔は、剣道とか、茶道とか、そういう「道」の世界で修行をしていました。剣道の道場で、猫背で正座したり、蹲踞《そんきょ》をしている人はいません。茶道で「お点前ちょうだいいたします」と言いながら、姿勢が崩れていたらカッコ悪くてしかたありません。背筋をちゃんと伸ばしてお点前をいただくし、お茶を点てるときも背筋を伸ばし、半東さんがお椀を持ってくるときも背筋を伸ばしています。

今日では、背筋が伸びていない子が多く見られます。背筋が伸びていないということは、意識を弛ませる、弛緩させるということです。

菊池学級の子どもたちは、正対してアイコンタクトをとりながら、真剣勝負を行っていますので、ある意味、自然に背筋が伸びているのだと思います。言葉とエネルギーのやり取り、もっと言えば、愛のやり取りが行われていると思うと、自然に背筋が伸びてくるのです。その聴く姿勢が美しさを醸し出しているのです。

背筋を伸ばす人間修行というのは、剣道とか茶道とか、柔道などが代表的ですが、菊池先生を中心とする先生方の勉強会の名称が、菊池研究所でも、菊池インスティテュートでも、菊池フォーラムでも、菊池勉強会でもなく、「菊池道場」だというのは、深い意味があると私は思います。聴くことは人間修養であり、背筋を伸ばして聴くというのは道場での鍛錬です。そして、「これで終わり」という「卒業」がなく、学び続けるのが、人間性を磨く「道」の修業です。

指先までピーンと伸ばしてほめ言葉を聴いている映像がありました。真っ直ぐなガラスは、光をまっすぐに通します。歪んだガラスは光を曲げて受け止めます。これと同じで、直立して、指先までピーンと伸びて相手に正対している子どもは、心も真っ直ぐになっていますから、友達からもらった言葉をそのまま邪念なく素直に受け止められるのです。その意味で、聴く姿勢は、とても重要だと思います。

姿勢、姿、勢いの姿勢は、吉田松陰が言うところの「至誠」に通じます。「至誠にして動かざる者は、未だ之れ有らざるなり」。直立した背筋の伸びた姿勢というのが、誠の極致、至る誠に通じると思っています。

(4) インプロ

インプロ(improvisation＝即興)についてです。

「ほめ言葉のシャワー」を見ていると、当意即妙、臨機応変に対応する力がすごく伸びていると思います。

私は、テレビのバラエティ番組を見ていると、お笑い芸人の方たちのインプロ能力は本当に素晴らしいと思います。学校の成績がどうだったかは知りませんが、抜群に頭がいいと思います。その場で、気の利いたことを言える力は、社会でとても強く求められています。

その逆は、頭を使わないで仕事ができるマニュアル人間ということになりますが、今の世の中、マニュアルで仕事をする人と、マニュアルを超えて当意即妙にその場の状況に合わせてベストのソリューションを生み出せていける人との間では、生涯賃金で何10倍もの格差ができる状況です。結局、マニュアルでできる仕事は代替可能だということです。誰かに置き換えることができるから、賃金は上がりません。でも、余人をもって代えがたい、その人ならではの状況対応能力がある人たち、名人芸とか達人芸という、そういう何かを持っている人はどんどん活躍できる社会です。コンピュータが普及し、これから外国人労働力も増えていくと、マニュアルで仕事をする人と、マニュアルを超えてクリエイティブに仕事をする人の間に、大きな溝ができていきます。

インプロ能力を育てる取り組みが、これまでの学校教育の中のどこにあったのかを考えてみる必要があります。

教室の中で「ほめ言葉のシャワー」をしているときに、自由起立で、子どもたちがすっと立ち上がって発言をしていますが、自分が何番目に話すかというのは、正確には分かりません。立ったけれど、他の人が先に発言し、自分が話す番にはならないかもしれません。そうなると、直前の人が、自分がまさに言おうとしていたことを言ってしまう可能性もあります。あらゆる状況は、いつも変わっているというのが世界の真実です。

マニュアルの世界では、状況をパターン化して、Aパターンだったらこうする、Bパターンだったらこうすると、場面分けをして、人の行動を規定しているわけです。ただ、その場面分けにも限度があり、当然想定外の場面が現実には起こります。

「ほめ言葉のシャワー」では、一瞬一瞬、どうするかということを常に考え続ける必要があります。これは、社会の縮図そのものです。現実社会の中で、仕事をする人に最も身に付けてほしい力です。その場にふさわしい言葉や表現を思い付く力です。どんな質問がされるかも分からない「質問タイム」の取り組みも、インプロの力を高めていくための素晴らしい取り組みです。

菊池先生との対談の中で拝見した「仮想『結婚記者会見』の場面（本書9ページ以降）」

も、そもそも心の準備もない状態で二人は前に出たわけですから完全なインプロです。質問する側もインプロです。どういう質問が出るかは、想定問答もない状態で、その場で思いついて答えていました。ラジオでは5秒間黙ってしまって音がない状況になると放送事故と呼ばれます。彼らは、プロでもないのに、長くても、4、5秒の内にはささっと答えています。本当にすごい力です。このビデオを観ると、子どもにはここまでの力が潜在的にあったのだと気付かされます。

マニュアル化することによって、型にはめてクリエイティブな力を発揮させない仕事の振り方をすることによって、人間の能力を抑制していることを反省させられる思いがします。

先日、私のところに、日本を代表する企業から「気が利く設計者を要請する研修をしてください」というオファーがありました。これは、上司の部下に対する要望で、上司である自分の使い方がうまくなくても、自分の気持ちを忖度して、気を利かせて、うまくアウトプットしてほしいという、上司のわがままがそのまま出ているようにものでした。「気が利く設計者を養成したいと思うなら、皆さんが、気が利く上司にならないと、気が利く部下には絶対になりません」という、辛口の意見を申し上げました。

気が利く人というのは、社会で非常に評価されます。「気が利く」というのは多義的な言葉です。しかも、どう気が利く人をどのように養成すればいいのかということは、とても難しいのです。しかし、あえて言えば、日々刻々、一瞬一瞬変わり続ける状況に対応して、自分ができるベストのソリューションを生み出す力だと思えば、これがインプロの力です。アメリカの教育学の世界では、higher order thinking と言います。高次能力です。

先日、東京大学大学院情報学環の山内祐平先生とシンポジウムをしました。山内先生は、flipped classroom を「反転授業」と訳して、日本に広めてこられた方です。反転授業は、完全習得型の反転授業と、高次能力育成型の反転授業に分かれます。eラーニングで基礎を覚えて、補習を行って全員が理解するのをサポートする完全習得型の反転授業も大事なのですが、さらに重要なのは、より高次の能力を育成する反転授業です。例えば、医師であれば自分の知識を使いこなすような臨床の判断ができるというような、アウトプットを含む高次能力の養成が必要で、そのために反転授業は効果的であるというのが山内先生のご主張です。「ほめ言葉のシャワー」は、まさにこれを実践していると言えます。「ほめ言葉のシャワー」自体は、教科教育ではありませんから、反転授業という形態をとってはいませんが、明らかにアウトプットベースで、正解のないところで自分なりのソリューションを考え出すという点では、高次能力の育成に寄与していると言えます。これは、すごいことだと思います。

（5）成長志向、学習志向

そして、成長志向、学習志向についてです。

毎年のように、日本の子どもがいちばん自信をもっていない、自己肯定感が低いという世界比較の調査結果が発表されます。しかし、それを聞いて「困ったね」と言い、頭を抱えて終わりというのが現状です。

自己肯定感をどう高めていくのか具体的な方策が切実に求められているわけです。「ほめ言葉のシャワー」は、自己肯定感を高めるという点において、私が知っている限り、最良の取り組みだと思っています。ほめられて嬉しい、それによって自己肯定感が高まるというのはいちばん分かりやすいことですが、ほめた方の自己肯定感も高まります。自分は、人の良いところを見ることができる人だということを確認し、ほめた人から、ありがとうと言われる。これを繰り返せば、自己肯定感は高まります。構造自体が自己肯定感を高めることになっています。

学習の過程には、スムーズにいかないで伸び悩む時期、プラトーと呼ばれる「高原状態」が必ずあります。伸び悩んだときに自信喪失をする人が多いのです。そこでやめてしまって、そこから先は下り坂。いちばん典型的なのは、英語の学習です。伸びないと思うと、学習を続ける根性がだんだんなくなっていってしまうのです。

菊池先生の取り組みの「成長ノート」では、毎日、成長していることを言語化して、お互いに確認し続けることができます。私はこうやって成長しています。あなたは、前回のときよりも成長したと思います、と言って成長という言葉を、お互いにたくさん使っています。成長するという立場で、自分を見る、友達を見ると、成長したところが具体的に見えてきます。これは、前述の美点凝視と同じです。「成長を発見しよう」というレセプターができることにより、成長した部分が認識可能になるわけです。

教師が多用しがちな言葉があります。「いつもいつも」です。「あなたは、いつもいつも遅刻している」。実際には、年間の半分かもしれないし、7割かもしれないし、「いつもいつも」ではありません。多くの教師は、ネガティブな側面で、その子にレッテルを貼り、「いつもいつも」と塗りつぶしてしまいがちなのです。これが子どもの自己肯定感を下げてしまいます。「あなたは、いつもいつも落ち着きのない子だ」、「あなたは、いつもいつもおしゃべりをしている」、「あなたは、いつもいつも給食を残している」と、「いつもいつも」という言葉のあとに、ポジティブな言葉を言う先生は極めて少ないはずです。「いつもいつも」と二回続けると、後にくるのはネガティブな言葉です。しかし、菊池学級で行われているのは、「いつも」のあとに「成長している」です。これは、元気が出ます。

私が学習学で提唱しているのは、最終学歴ではなくて、最新学習歴。細かく見れば、人間は、必ず、昨日よりも今日、先週よりも今週と確実に成長して、学習しているはずです。その成長を見つけようとすれば、必ず見つかります。しかし、漠然としていたら、「いつもいつも」で、どちらかというとネガティブな、ダークサイドの方向に引っぱられてしまう。これは人間の性です。ですから、いつも成長しているということをみんなで言い合うと、自分たちには無限に成長する可能性があるのだという表情になります。

顔が明るいというだけなら、悪ふざけしてしているときも、明るいといえば明るいのでしょうが、ビデオで見る菊池学級の子どもたちの明るさは、悪ふざけではなくて、自分たちには、無限の可能性がある、明るい未来があるのだということを確信している明るさです。途上国の子どもたちは、そういう目をしていますが、日本では珍しいのではないでしょうか。

「日本の子どもたちは、目の輝きがくすんでいる」というような話を聞きますが、では、どうやって輝かせるのかということは聞いたことがありません。

菊池学級で実践している「ほめ言葉のシャワー」は、子どもたちに明るい未来、無限の可能性を感じさせています。錯覚ではなく、未来を自覚、認識させる取り組みであると思います。

自己肯定感を高めるということが、教育の最大の課題です。私自身は、京都造形芸術大学におけるＦＤ（ファカルティ・ディベロップメント＝Faculty Development ※大学教員の教育能力を高めるための実践的方法）の教員研修の一環として、教師が学生をほめる練習を行っています。

また試験的に、アクティブ・ブレイン（active brain）という記憶術のプログラムを導入しています。教科学習、国語・数学・理科・社会・英語が苦手だったという学生も少なからずいますが、そういう学生が、もったいないことに自分のことを頭が悪いと思っているのです。「君たちの頭が悪いのではなくて、今までの日本の教育の方が古すぎるのです。君たちは、21世紀、22世紀型の未来型の頭脳をしていて、情報をビジュアルに処理したり、表現したりすることに卓越しています。今までの枠にとらわれない、新しい発想をすることが得意でしょう。君たちの時代だよ」と話すのですが、そう言ってもにわかには信じてもらえないのです。

では、アクティブ・ブレインをやってごらんよとすすめて、２日間のプログラムをやってもらうと、２００個、３００個のランダムな名刺を誰でも簡単に言えるようになります。11歳の子どもから85歳のおばあさんまでできたというすごいプログラムです。それを大学生にさせてみると、「なんだ、ぼくの頭は悪くなかった」と実感できるのです。それを京都造形芸術大学では実験的に取り入れてきましたが、小学生の頃からこの「ほめ言葉のシャワー」をするというプログラムがあれば、素晴らしい効果があると思います。

二　「ほめ言葉のシャワー」その効果

(1) 社会性

「ほめ言葉のシャワー」に取り組んだ結果の効果について考えてみます。

やはり、社会性の涵養が非常に重要です。eラーニングは、日本の教育の中で、これから間違いなく普及、浸透していきます。知識、計算、書き順などの単純なスキルに関して、学習速度の偏差に対応できるという点において、eラーニングは、教室の一斉授業よりも、はるかに効果的です。ただ、社会性の涵養は、eラーニングではできません。eラーニングは、極めて低いところに限界があります。

今後、学校は、今まで以上に、子どもの社会性の涵養を目指すところにシフトしていくべきだと思っています。この「ほめ言葉のシャワー」は、子どもたちの社会性を高めます。

自分の行動が他者に影響を与え、それがまた自分に返ってくるということが社会性の基本で、暴言を吐いたり、ごみを捨てたり、ルールを破ったりしても、自分には何も関係ないという話になると、人は、非社会的・反社会的な行動を取るようになります。自分は社会の一員であり、自分の行動は社会に影響を与えるのだというのが当事者意識です。そして、それがまた自分にも返ってくるという循環・ループの中に自分が存在しているということを、「ほめ言葉のシャワー」では体験できるのです。

本書の冒頭で紹介されている「質問タイム」でスピーチをしていた中村愛海さんの「ほめ言葉のシャワー」も拝見しました。彼女は、相手の言葉をきちんと聞いて、その言葉の8割位をリピートして、語尾だけを少し変えて、そこに＋αのコメントを付けていました。例えば、「うるさい」と言ったことを、「いい意味で」というように前向きにとらえなおして、「あなたは、そういうことができる人だと思います」と返していました。見事です。原稿はないですから、インプロの能力でもあります。相手が発言したことと全然違うことを言うのではなく、100％リピートするのでもなく、5割、8割リピートしたうえで、＋αを付けて返す。さらに、その返しの言葉が、相手に対するほめ言葉や承認のメッセージになっています。

こういったコミュニケーション力を、日本の企業の管理職全員に身に付けてほしいと本当に思います。

以上のような社会性の涵養が、結果的に協調性を育むことになっていきます。協調性という言葉は、ともすれば付和雷同、他者に流されてみんながAと言えばぼくもAだと言う、「寄らば大樹の陰」のように、長いものに巻かれる、群れの行動になっていってしまいかねません。でも、そうではなくて、協調しながらも、自分は自分の意見をはっきり言うのです。「主座を保つ」という松下幸之助の言葉があります。指導者としての主座をしっかり保ちつつ、他人の意見もしっかり聞くということです。

中村さんのスピーチをする姿は、凛としています。自分の意見をしっかりもち、友達の意見に耳を傾ける姿は、本当に立派だと思います。

(2) 自立、自律

「ほめ言葉のシャワー」は、二つの「じりつ性」を育んでいると思います。

自立心、自律心を育むということですが、「ほめ言葉のシャワー」をしている間、菊池先生の介入はほとんどありません。菊池先生は、カメラを回しているだけです。子どもたちが、立つタイミングも、言葉の内容も、全部自分で考えて伝えていますし、その日の主役の子が司会進行をしていて、菊池先生からは一切、指示はありません。

小学校の行事というと、先生が全部シナリオを書いて、それこそマニュアルどおり、脚本どおりに、良い子が演じるという、自立性のない行事がどれだけ多いことかと思います。運動会のメニューを自分たちで決めている自由度がどれだけあるでしょうか。最近、修学旅行の行き先を投票で決める小学校が多少あるようですが、選択の自由がないというのが、日本の学校教育の基本です。

選択を行うと責任が生じます。たとえば、ファミリーレストランに行って、選んだ料理が自分に合わなかったとしたら、これは自己責任です。でも、給食は選べません。このようにコントロールされている中では、責任感とか自立心というのは発達しようがないのです。

自由度を与えるというのは、子どもの中の確立した大人を引き出していくということです。菊池学級は、自立した空間になっていると感心しました。菊池先生の声がただ一度聞こえたのは、「あ、今の本当によかった」という言葉だけでした。子どもたちに任せています。

コーチングの基本は、信じて、認めて、任せるという、信・認・任です。菊池先生の実践は、まさに子どもたちを信じて、一人ひとりを認めて、クラスに任せるということを、中途半端ではなく高度なレベルで実現されています。

私の見てきたどの企業のどんな職場よりも、菊池学級の方が、「信・認・任」が徹底して実現されているかもしれません。

(3) ポジティブ

そして、ポジティブなエネルギーが、効果として現れています。「ほめ言葉のシャワー」そのものが、ポジティブなエネルギーの塊であり、そのポジティブなエネルギーが、汲めども尽きぬ泉のようにあふれています。

今、アサーティブネス・トレーニング(assertiveness training=自分を率直に表現し合う訓練)という手法が、企業の研修の中で増えています。日本人は、つい遠慮して、自分の意見や要望を言えない場合が多いのです。ところが、ひとたび自己主張をすると、ただのわがままになってしまう人もいます。遠慮しすぎて言えないか、わがままなクレーマーになってしまうかのどちらかで、建設的に自分の意見を言うこと、相手への要望を出すということの中庸のバランスをとることが難しいので、アサーティブネス・トレーニングを取り入れることが、ここ10年くらいでずいぶん増えました。

「ほめ言葉のシャワー」では、ほめ言葉を言った方も、言われた方も前向きな気持ちになって、このアサーティブネス・トレーニングが自然な形でできていいます。

「ほめ言葉のシャワー」は、本当に効果絶大で、教科教育でカバーできていない人間的な成長を、トータルでカバーしていると言えます。従来の学校教育の中心であるIQ(Intelligence Quotient=知能指数)を高めるために、教科教育の活動があるわけですが、社会人として成功する力として、ＥＱ（Emotional Intelligence Quotient＝心の知能指数）が求められています。経済産業省は社会人基礎力と言い、文部科学省も教科教育以外の人間的な成長の部分が大事であるという認識を示し始めていますが、それを総合的に伸ばすのが「ほめ言葉のシャワー」だと思います。

三　課題

「ほめ言葉のシャワー」をずっとほめてきましたが、改善点について少し考えてみます。伝えるときの声のトーンについて、少し踏み込んだらどうかと思いました。もう少し抑揚があってもいいかなということです。

「質問タイム」とか、「話し合いの時間」では、声のトーン、大小、高低など、非常に抑揚がついていて、場合によっては全力で「僕はこう思うんだ」ということを言っています。「ほめ言葉のシャワー」になると、「○○さんは、こうだと思います。こういうところが素晴らしいです」と、ときとして声のトーンがフラットな感じに聞こえます。少し演劇的な手法というか、心を込めて伝えるということを、ペアワークなどで試してみると、さらに進化できると思います。「もう少し、心を込めてお互いに伝えあってみてくれる?」と促して、照れくさければ三人でやってみる場を設定して、「どのパターンがいちばんよかったか、フィードバックしてみてね」というように進めていくと、さらに素晴らしいものになっていくのではないかと感じました。

コミュニケーション教育という観点から言うと、「ほめ言葉のシャワー」に横並びで、「ほめ声のシャワー」というのもありうると思ったわけです。例えば、言葉を使わなくても、息遣いだけで言っても伝わるものはあるはずです。そういうゲームみたいなことも入れて、非言語メッセージだけでも、相手に対してポジティブなエネルギーは伝えることができるという実験を取り入れてみると、4巡目、5巡目の「ほめ言葉のシャワー」は、さらに進化すると思います。

第三章

学習学とコーチング

本間正人

※本章は、２０１５年8月に行われた講演をもとに、再構成したものです。

学びの原点――学習学という考え方

学ぶことは、本来、とても楽しいことです。

論語の冒頭には、

「学而時習之。不亦説乎。」（学んで時にこれを習う。またよろこばしからずや。）

と書かれています。

「学習とは喜ばしいことだ」という言葉から論語はスタートしています。

さらに続けて、

「有朋自遠方来。不亦楽乎。」（友あり、遠方より来る。また楽しからずや。）

とあって、人との出会いは楽しいことだと言っています。

ところが、今日の日本では、本来、楽しく学ぶ場であるべき学校が、いじめがあって、怖いところになっています。さらに、勉強というのは辛く悲しく苦しいことだというように、学習の原点からは遠い話として語られるようになってしまっています。

「学校が教育の中心である」という視点に立っているため、「最終学歴」という言葉が象徴しているように、どこの学校を出たかということが重要視されています。時代の変化がゆっくりで、最後に学んだ場での経験が一生涯にわたって活かせた頃は、「はい、ここでお勉強は打ち止め。あとは、それまでのお釣りで生きていける」ということがありえたのかもしれません。

しかし、今日のような、日々激しく変化している社会の中では、「最新学習歴」を更新し続けることが不可欠です。時代の変化に取り残されてしまっては、個人も企業も国家も生き残っていけません。と同時に、学び続けることで、自分の可能性に気付き、今までできなかったことができるようになります。新しい人に出会い、知識やスキルを獲得することが、嬉しいと感じられるような場に、学校がなっていかなくてはならないと思っています。

人類のいちばんの強みは学習能力です。他の動物に比べて圧倒的に高いコミュニケーション能力により、他の人が得た知識や技能を学びとり、お互いに学び合うことができるようになりました。さらに文字を発明し、前の世代までの叡智を効率的に受け継いできたのです。さらに、近代になって、学校という社会装置が生まれ、それまで貴族や僧侶にしか門戸が開かれていなかった「学問」が多くの人に開放され、普遍的で体系的な教育が広まって、社会の発展が加速してきました。

ところが、ここ数十年は、学校があまりにも力をもって、独り歩きをしてしまい、「学校の授業で教わることだけが大切な勉強だ」という勘違いが起こってしまいました。しかも、教育と学習がごちゃまぜになってしまっている部分があるのではないかと思うのです。

こうした「教育学」の発想に立つのではなく、学習者が主体となった「学習学」という立場で考えようというのが、私の立場です。

菊池先生とお会いして、菊池先生が実践されている取り組みを垣間見る中で、これは私の考え方に非常に近いなと意気投合いたしまして、今回創刊された「白熱する教室」（中村堂）の巻頭にも対談を載せていただきました。

人間は「一生、学び続ける存在である」というのが、本来の生涯学習だと思いますが、そのことを私が視覚的に表現したのが図1です。

横軸が「年齢」です。0歳からスタートして、一生を終えるタイミングは人それぞれです。小学校に入学して大学を卒業する期間が、6歳から22歳の間です。

縦軸は「時間」です。真夜中の0時から始まって、正午を経て、真夜中の24時までを表します。

つまり、全体の長方形が人生を表していて、古典的な学校教育は、6歳から18歳、ある

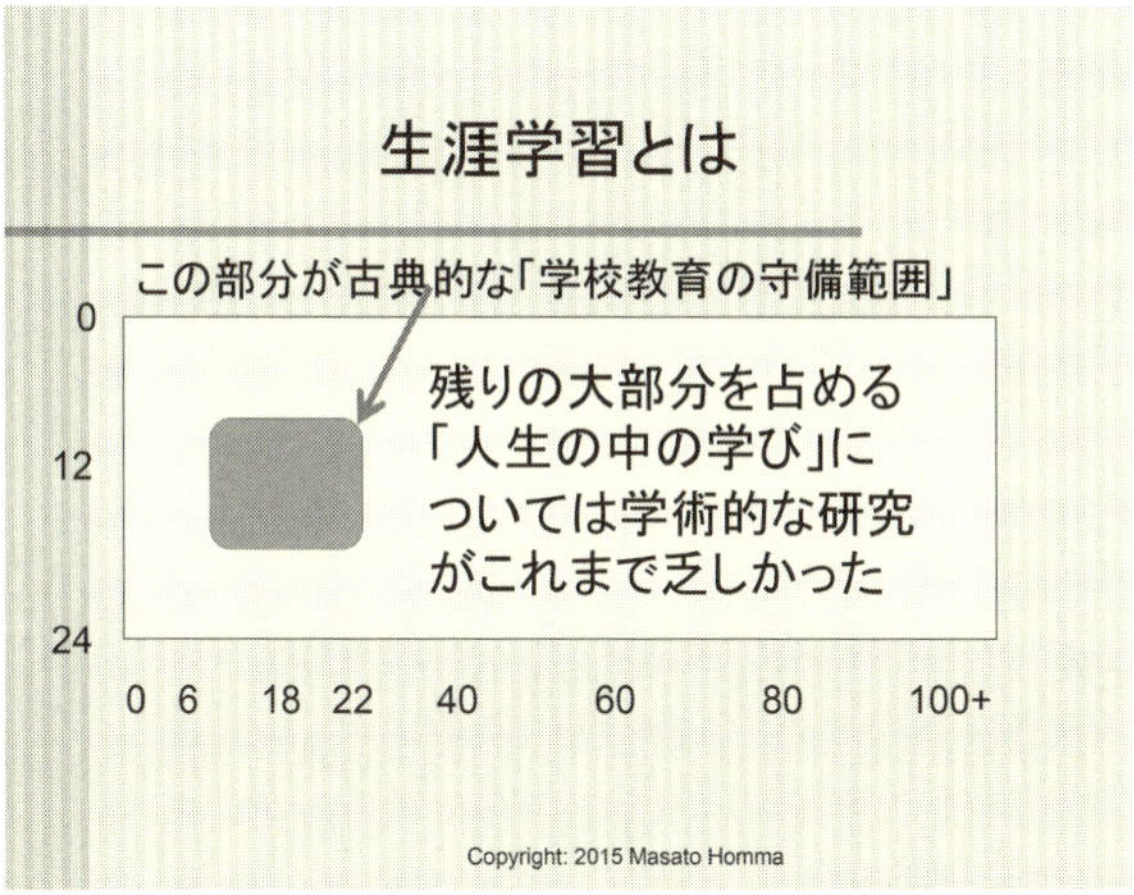
生涯学習とは
この部分が古典的な「学校教育の守備範囲」
残りの大部分を占める
「人生の中の学び」に
ついては学術的な研究
がこれまで乏しかった
0
12
24
0 6 18 22 40 60 80 100+
Copyright: 2015 Masato Homma

図1

いは22歳までのグレーの長方形の部分がそれに当たります。縦は、だいたい朝の8時半から15時、16時くらい。この中にも土日祝日、また、夏休み、冬休み、春休みがあったりして、かなりスキマがあるわけですが、典型的な教育学の守備範囲はまさにこの長方形の部分です。

ところが、残りの大部分を占める「人生の学び」についての学術的な研究はきわめて乏しかったのではないかと思います。少なくとも、教育学を研究するのと同じパワーでは行われてきませんでした。

学校は、「学び終わり、学び止めの場」ではなく、「学び続ける力を付ける場」ではないかと私は考えています。誰もが「最新学習歴」を更新し続ける社会にしようという考えです。

学習の範囲も、国語・算数・理科・社会・英語だけではなくて、例えば、人生の意味、愛すること、愛されること、美しいものを美しいと感じる心、失敗や挫折から立ち直る気持ちなどを含むと思うのです。

先日、テレビで桑田真澄投手が、「PL学園が取手二高に決勝戦で敗れたからこそ、自分は人間的に成長できた」という趣旨の話をされていました。敗戦から、人間力を高める貴重な学びを得ることは多いですね。

その意味で、私は「失敗」という言葉を使うのはやめようと提案しています。前向きにチャレンジして、挑んで、ある時点で結果に結びつかなかったとしても、それは「未成功」(pre-success)と呼ぼうと。失敗することが好きな人は、いないはずです。チャレンジしなかったら時間は無為に流れてしまいます。ですから、チャレンジし続けることが大切なのです。そして、質の高い未成功を積み重ねていくことが大きな成功をつかむ鍵なのです。

こうした人生修行的な要素は、教えられたからといって修得できるというものではありません。ティーチングすることは難しいのです。ただ、自ら体験する中でつかむことはできます。ユーモアのセンスなども、ユーモア研修3日間という講座に参加してもらって、「これであなたもユーモアの3級です」というわけにはいかないですよね。面白いことを言おうとして、笑ってもらえず滑ってみたり、今の受けたなと振り返ったりする中で、だんだんユーモアのセンスは付いていくのではなかろうかと思います。

「価値語」の意義

こうした人間力を伸ばす入り口の一つが、菊池先生が提唱・実践されている「価値語」なのではないかというのが、私の考えです。

例えば、「一人が美しい」。

こういう言葉があると、どんな行動が美しい行動なのかを考えたり、自分で行動してみたりします。それを、誰かから「ほめ言葉のシャワー」で認めてもらう。すると、美しい行動ってこういうことなんだと、得心がいきます。

ＰＤＣＡと言いますけれども、「計画‐実行‐評価‐改善」のサイクルが回ることによって今まで学びにくかった人間的成長、古い言葉で言えば徳目というものが学びやすくなっていきます。教科教育ではカバーできない人間的成長の部分が学びやすくなっていくのです。

現在の学校教育は、教科教育が中心です。小学校でもそうですし、中学校から上になると、国語の先生、数学の先生とさらに縦割りになっていきます。教科教育のフレームワークの中では、人間的な成長の部分は、なかなかカバーされていません。しかし、これからは、今まで以上に、学校が、人間的な成長の部分を担っていくことが大切になっていくと私は思います。

これまで、日本の義務教育は、基礎学力の平均値を高めるという点では世界に冠たる立派な業績を上げてきました。日本の教育は、世界でトップの水準を誇っています。しかし、そのレベルでのんびりしていていいのかというとそんな状況ではありません。

eラーニングが確実に普及し始めています。ある大手の塾が中学校3年を対象としたeラーニングを無償で提供し始めています。

また、通信教育の最大手の会社は、中学1年生にタブレットを配って、知識を得るためだけなら、学校に行かなくても、いつでもどこでも学べるようになっています。

どんな人間も、Google の検索や Wikipedia に掲載された知識の量でかなうわけがありません。そうした社会状況の変化の中で、学校の意義や機能も必然的に変わってきているのです。

子どもたちも、様々なバックグラウンドをもったうえで、学校に来ています。外国にルーツをもつお子さんも増えていますし、統合教育の流れもあり、いろいろな次元での多様性があります。そうなると、社会性・寛容さを育むということがますます重要な教育目標になってくるのです。

マスコミでは、いじめや不登校の問題が声高に取り上げられています。学校の現場には、いろいろな格差やグローバル化したことを原因とする問題もあります。

これまでの教科、教室、時間割、一斉授業の講義形式という常識や固定観念を打破して、教育の現場でイノベーションを起こしていくことが本当に大切だと思っています。

全国各地でスタートした「菊池道場」は、日本の学校教育をイノベートする、進化させていく、あるいは深化させていく、その先頭に立っているのではないかと考えています。

その最大のポイントは、教育者中心ではなく、学習者中心だということです。一人ひとりの子どもが主人公だと、発想を切り替えていくのです。

子どもたちは、一人ひとり違います。DNAも生活環境も、何のために学ぶのかという学習目標も違います。この目標意識が明確でないと、とりあえず「いい学校」に入るための試験に受かるように学校に勉強をしに行く、ということが目標になりがちです。将来、どんな人生を選んで進んでいくかは、みんな違います。ですから、キャリア教育はとても大事です。

また、学習スタイルの観点から考えてみても、目から学ぶのが得意な人、耳から学ぶのが得意な人、身体や手を動かして学ぶのが得意な人、などなど、様々なスタイルがあります。あるいは、人、物、金、情報、時間などの学習資源が、その人の周りにどのくらい存在するのかも千差万別です。1日24時間、1年365日は共通ですが、朝型の人、夜型の人、集中型の人、コツコツ型の人もいます。学習計画の立て方も違います。学習速度の違いもあります。教室での一斉授業はこうした違いに対応できません。

一斉授業とアクティブ・ラーニング

このように考えていくと、学校の一斉授業よりもeラーニングの方が、学習速度の違いに対応しやすいことが分かります。苦手科目だからじっくり時間をかけてやるというのは、タブレットでの学習の方が適しています。一斉授業は、本当に難しいことを行っているな、と思っています。

菊池学級で、「ほめ言葉のシャワー」をはじめとして、様々な学び合いによって他者との関わりや社会性が育っていく様子を見ていると、時代の要請、技術的な環境変化を背景として、教育者の役割が変わっていく必要があるだろうということが強く感じられます。

教育学の世界では教育者が中心です。学校の先生をティーチャーと呼び、一斉授業で知識を伝授していく――これが教育学の典型的な考え方ですが、そのかなりの部分がeラーニングに変わっていくのではないかと予想されます。

英語の単語の後ろに［ee］が付くと、「何々される人」と受け身になります。インタビューをする人をinterviewerと言い、インタビューされる人をintervieweeと言います。これまでは、teacher（一斉授業で知識を伝授する人）と、teachee（受け身で教わる人）という関係でした。


最近は、文部科学省が「アクティブ・ラーニング」と言い始めています。中央教育審議会への諮問の中で、これまでは学習内容しか書いていなかった学習指導要領に対し、次期学習指導要領の中に、アクティブ・ラーニングという学習方法を盛り込む方向性を打ち出しています。これ自体は、大変、良い傾向だと歓迎しています。

私の考える学習学では、あくまでも、自ら主体的に学ぶ学習者が中心です。人間には、そもそも自ら学ぶ力が備わっています。赤ちゃんは、いろいろなものに触れ、口に入れようとして、感触を確かめます。これも重要な学習行動です。環境を認知して、適応して、自らの強みを発揮しようとするのです。ところが、受け身で教わり続けていると、能動的に学ぶという学習意欲が下がってしまいます。

ここが重要な問題です。本来、人間には学びたいという欲求、願望、学ぶ力が備わっていますから、それをいかに引き出していくかが教育の柱になるはずです。

ですから、学習学の世界では、学習者自らの主体的なアクティブ・ラーニングが中心ですが、教育者がいらないわけではありません。一対一で個別指導していくということ、すなわち「コーチング」も大事です。予備校や塾では、どんどん個別指導を取り入れています。一対一で子どもと向き合い、その子の特徴に合わせて指導をしていきます。それに対応できていない塾の経営状況が厳しくなっているという現実もあります。

映画「ビリギャル」も、個別指導のパターンです。知識を教え込むというよりは、塾の坪田信貴先生が、主人公のさやかちゃんと向き合い、目標を一緒に定め、勉強の仕方を伝授し、可能性を信じて励まし続けることで、1年で偏差値を40上げて、彼女が慶應義塾大学に合格するという話です。

まさに、坪田流のコーチングですね。一人ひとりの可能性を信じて、その子の学ぶ意欲を引き出していくという方法をとっています。

そして、ファシリテーションとは、「1対多で学び合いを促進する」という意味ですが、坪田先生は、塾の中に絶妙な協力関係と競争関係を醸し出し、まさに名ファシリテーターでもあります。

教育者の役割は、ティーチャーから、「ファシリテーター、コーチ」へとシフトしていくべきであるというのが私の考え方です。

ほめ言葉のシャワーでは、先生の役割はティーチャーでは全くなくて、ファシリテーターです。その日の主役の子の横で段取りをつけて、安心できる安全な場をセッティングする。上手くいかなかったときには、じゃあこうしてみたら、という学び合いを促進していく役割を担っています。ですから、「ほめ言葉のシャワー」を実践されている先生方は、すでにファシリテーターの役割を果たしていらっしゃると思います。

次のページの図2と図3を見てください。これまでの典型的な学校教育は、左側のTeacher と Teachee です。試験で採点・評価しやすい知識を教え込んでいたのが典型的な学校の授業だったわけですが、生きる力を育むという方向を目指して、多面的な能力を身に付け、発揮させていくことが求められていると思います。

私は、京都造形芸術大学の教員でもありますが、国語・算数・理科・社会・英語などの教科が苦手な学生も入学してきます。でも、面白い子が多いのです。これからの時代、芸大生の活躍の場は増えるでしょうね。それは、正解が一つじゃないところがいいのです。

教育者の役割は

	教育学	学習学
教育者	Teacher （一斉授業で 知識を伝授する）	Facilitator （1対多） Coach （1対1）
学習者	Teachee （受け身で教わる）	Active Learner （自ら主体的に学ぶ）

図２

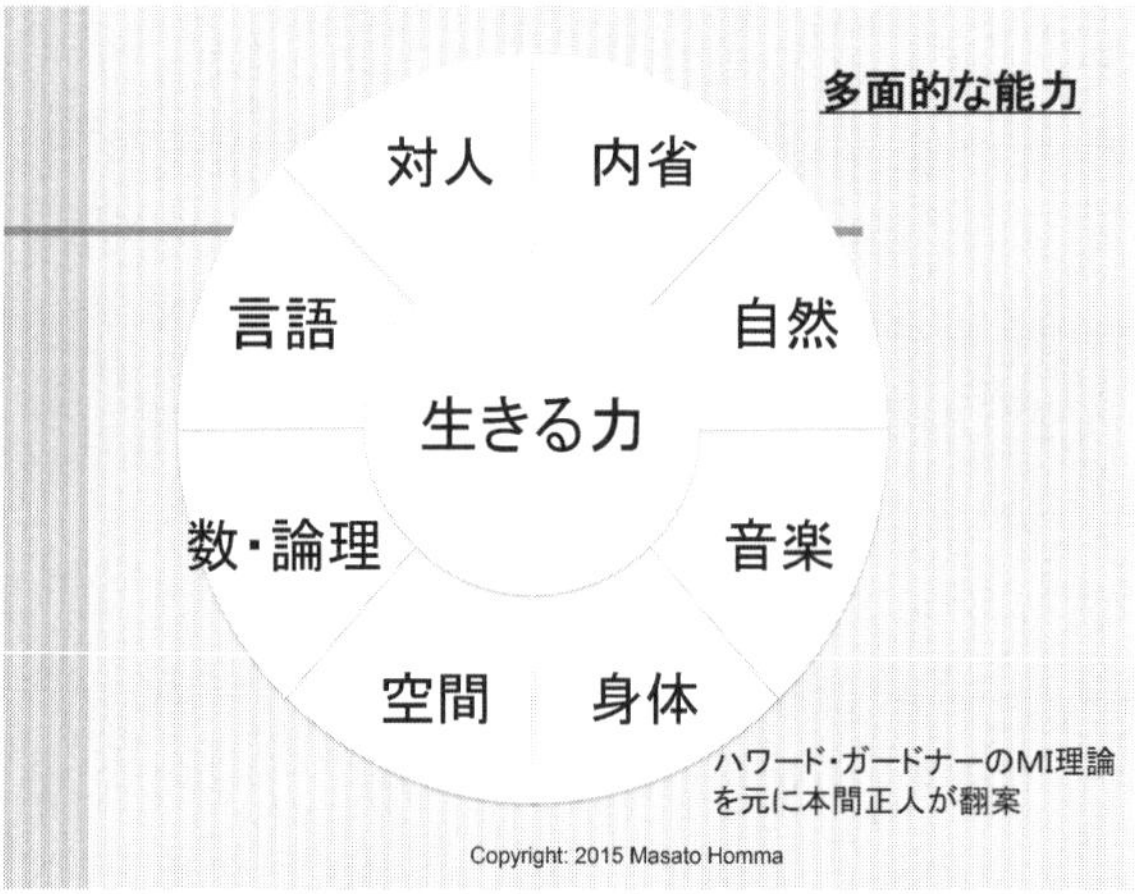

図３

たとえば絵やデザインに「正解」はありません。一つの作品が、他と比べてよりアピーリング（魅力的）だとは言えても、決して間違ってはいないのです。

実社会でも、マニュアル通り、「正しいやり方」に合わせて行う仕事は、機械やロボットに代替されていきますから、人間の役割として、状況に合わせて臨機応変に対応する力や、今までになかった新しい選択肢を生みだす力などが、これからますます必要になってくると思います。

今後、アクティブ・ラーニングに関する教員研修が増えることと思います。予算も付くでしょう。体験学習、プロジェクト学習、芸術教育など五感や身体性を活用し、学習者の能動性を引き出す工夫が今まで以上に大切になっています。京都造形芸術大学は、こうした分野で、「マンディ」「ねぶた」など、プロジェクト学習の先進的な取り組みを行ってきました。

しかし、「学習者の主体性を引き出す」という基本の理念が押さえられていないまま、教員研修が行われてしまうと、教員も生徒も「ディベートをすればいいんでしょ、グループワークをやればいいんでしょ」と、形だけにこだわって、せっかくのアクティブ・ラーニングが形骸化してしまいます。それでは、実にもったいない。ただ、形だけやっても、

teacher と teachee という構造が変わらなければ、アリバイづくりのためのアクティブ・ラーニングで終わってしまいます。

感情を伴う学習

本物のアクティブ・ラーニングは、感情を伴う学習です。それによって長い期間、記憶に定着しやすいという原理原則があるのです。学習者の能動性を引き出すには、楽しくやるということが鍵になります。

人間の脳の断面図（次ページ図4）です。海馬が記憶中枢です。身体全部の細胞が記憶に影響を与えていると言われていますが、この海馬が、記憶に関するコントロールパネルにあたります。この部分を損傷すると、記憶喪失になってしまいます。

海馬の横に、扁桃体という小さな部位があります。桃のような形をした平たい器官で、ここが感情の中枢です。人間には、喜怒哀楽などの感情がありますが、喜怒哀楽の感情が打ち震えると、扁桃体から脳内伝達物質が分泌されます。それが海馬にしみわたると、学習したことが長期記憶に定着しやすくなるのです。

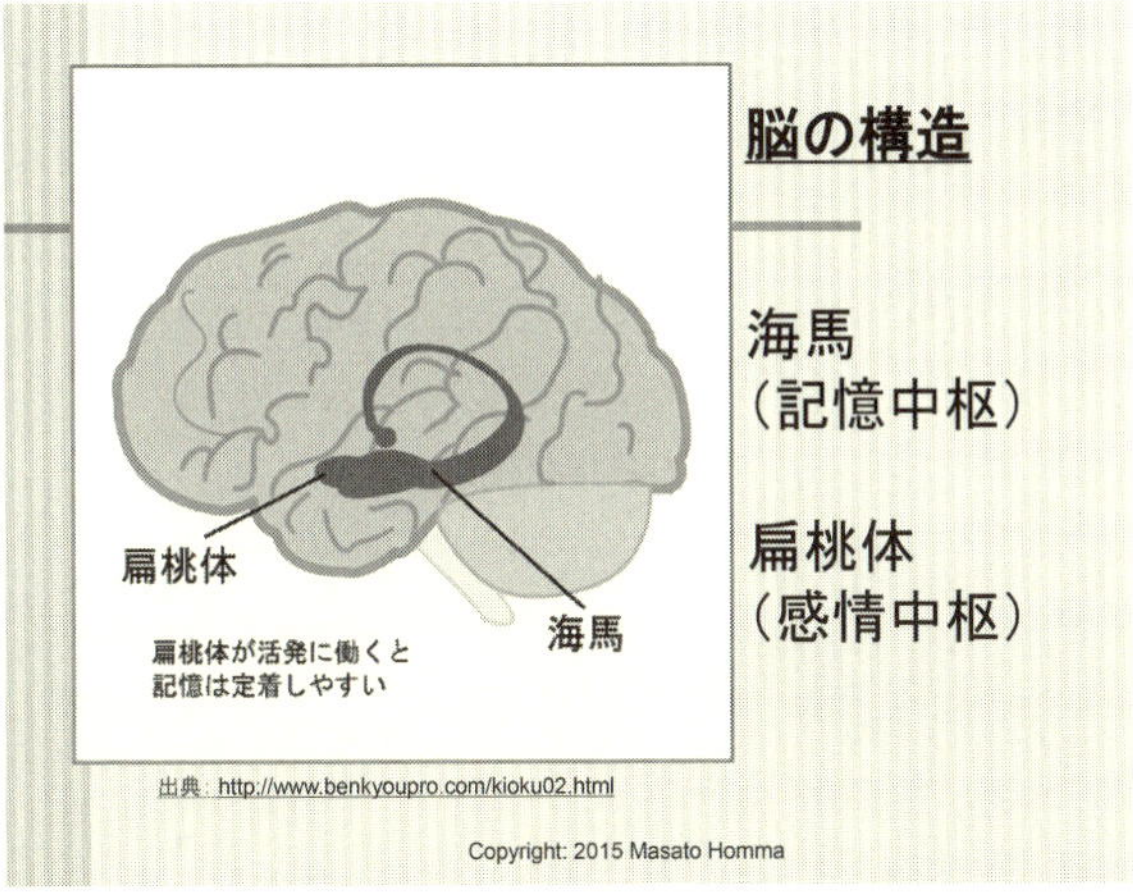

図４

「ほめ言葉のシャワー」で、「僕はこんなこと言われた」という感動があったら一生忘れないでしょう。小中学校や高校での一斉授業は、申し訳ないですけれど、そんなには心に残らないものです。逆に、「あの先生の授業は……」と記憶に残っているのは、どうでもいい横道にそれたものです。小中学校や高校で学んだ知識が全部残っていたらクイズ王になれますが、実際は、なかなかそうはならないものです。

逆に言えば、感情を伴うと記憶に残りやすくなるということです。このことはとても大事です。

例えば、テレビ時代劇の「水戸黄門」で助さんと格さんにやっつけられたチンピラ

が捨て台詞を残してその場を立ち去ります。そのときに、

「この野郎、覚えていやがれ」

と言います。でも、助さんも格さんも、そのチンピラのことを覚えてはいません。助さんと格さんは、毎週毎週、チンピラをやっつけていますし、いちいち記録をとっているわけでもありません。しかし、いつもは街を偉そうに歩いていたのに、素手でやっつけられたチンピラは、

「俺は忘れないぞ」

と思うことでしょう。しかも、

「あいつは、俺のことなんか忘れてしまうだろう」

と思うと、余計に悔しいわけです。そんな状況になると、人間は感情的になって意味のない命令文を発するのです。

「覚えていやがれ」と。

でも、そう言われた方は覚えているかというと、残念ながら覚えていないのです。

この話には、多くの皆さんが納得しますよね。ところが、学校の先生方も言うし、子育て中の親御さんも頻繁に使う言葉があります。

「勉強しなさい」

勉強しなさい、と言われると、子どもたちは勉強するふりはします。しかし、本当に勉強するかどうかは分かりません。命令文で相手の状況を変えるのには、限界があります。

軍隊は、命令で動きます。それは命がけだからです。マズローの欲求段階のいちばん下に位置する「生理的欲求」がかかっていますから、命令するだけで人は動きます。それは特殊な状況です。平和な時代の平和な組織では、何らかの自発性を引き出さなければ人は動かないのです。

コーチングで「徳」を引き出す

コーチングは、自発性を引き出すコミュニケーションです。自発性を引き出さないと人は動きません。命令で動いたとしても、それは動くふりをしただけで、本物ではないのです。「コーチ（coach）」というのは、元々は馬車という意味です。さらにさかのぼると、馬車がつくられていたハンガリーの町の名前（Kocs）です。その後、動詞になって、「大切な人を、現在いるところからその人の望むところまで送り届ける」という意味が生まれました。つまり、人間の自発性や可能性を引き出すコミュニケーションがコーチングだということです。

「出せ！」と命令しても自発性は出てきません。「傾聴」――話を聞くのがいちばん大切です。そして、「質問」――いい質問をすれば、いい答えが返ってきます。さらに、「承認」――相手のいいところを見て、心に留めるということです。「見、留める」が、「認める」の語源です。悪いところを指摘するときは、見咎めると言います。いいところを見つけて、言葉に出せば、それがほめるということになるのです。

人間の持っている可能性を、すべてまとめて「徳」と言います。

赤いボディに白い十字がついているスイスのアーミーナイフを「十徳ナイフ」と言います。ナイフやワインオープナー、ピンセットなどがついているものです。「徳」という字には、力、機能、ファンクションという意味があるのです。

人間の内側に秘められていてまだ発揮されていない力を「玄徳」と言います。三国志に劉備玄徳という人が出てきます。中国が、魏・呉・蜀の3つの国に分かれていた時代の歴史について書かれています。劉備玄徳は実在の人物で、卑弥呼と同時代の人です。劉備玄徳は、蜀という国の皇帝にはなりましたが、天下統一まではできなかった人で、名前が「まだ発揮されていない」ことを象徴してしまっているような人です。

その「徳」が引き出されると「明徳」となります。今年（2015年）も高知県の明徳義塾高等学校が、夏の甲子園（全国高校野球選手権大会）に出場していますね。四書五経の中に「大学」という書物があります。その中に、「大学の道は明徳を明らかにするに在り」と書かれています。学ぶということは、知識を教え込むことというより、人間の可能性を引き出していくということを示しています。そして、これが学習学の原点になるのです。

英語に置き換えると、明徳は、development. 発達とか開発、発展とかいろいろな訳語があります。英語の意味を考えるときは対語とセットで考えると分かりやすくなります。develop の反対は、envelope 封筒という意味です。見えるものを見えなくするのが、envelope. 葉書なら簡単に第三者に読まれてしまうので、封書にすることによって見えなくします。英語の接頭辞で、en と de は、逆の意味を表します。暗号化するのが encoding 暗号解読が decoding です。ですから、見えないものを見えるようにするのが、develop ということです。

街でＤＰＥ（Development-Printing-Enlargement＝現像、焼き付け、引き伸ばし）という看板を目にします。写真屋さんですね。光学式のカメラフィルムに写したものは肉眼で見ることはできませんので、化学処理をすることによって、見えなかったものを見えるようにします。Develop には「現像」という意味もあるわけです。

人間の中にある様々な可能性を見えるようにしていくこと、人間の可能性を引き出していくというが教育者の役割なのです。

ヒーローインタビュー

一人ひとりの可能性を引き出すゲームを紹介します。

一つめは、「ヒーローインタビュー」というエクササイズです。2人一組になって行います。誕生日が早い人が先攻になります。年齢は関係ありません。1月1日から数えて早い方が先攻です。後攻の人が、ヒーローになります。

野球の試合やサッカーの試合の後に、その試合でいちばん活躍した選手がお立ち台にあがって、インタビューを受けます。

「放送席、放送席。決勝打となったサヨナラツーランホームランを打った菊池選手です！おめでとうございました！」

というのをテレビでよく見ると思いますが、あれにヒントを得たゲームです。

これは、これまでの人生の中で、嬉しかった、大変だったけど頑張って乗り切ったというように、自分なりにいきいきとした人生の中のヒーロー体験を、具体的に細かく映像的に話すゲームです。「あのとき、教頭先生が驚いていたな」とか、そのときの映像が思い浮かぶように気持ちよく話してもらいます。

インタビュアーの方は、コーチングの二大スキルである傾聴と質問を駆使していただきます。アクティブリスニングの三要素、つまり「あいづち、うなずき、くりかえし」を心がけて聴いてください。あいづちは、「ハ行」はだいたい使えますが「ひー」は使えません。「うなずき」は、首の上下運動ですから、しっかり縦に振ってください。「くりかえし」は、相手の発言を一言一句繰り返して、「3年前にね、そういう学級を担当したんだ、ほー、それでそれで？」と畳みかけて質問をしていきます。

それを片道3分間行います。

このゲームをすると、インタビューを受けたヒーローの人は、頬が熱くなったり、体温が上がって元気が出てきたり、体のエネルギーレベルが上昇したりという感じになります。3年前のことであれ、10年前のことであれ、否定しないでちゃんと聞いてもらうと、当時の嬉しかった感動が今ここに蘇ってくるのです。そのときの情景や光景が脳裏に描かれると、身体も心も元気になってきます。命令文で「元気だせ」と100回言っても元気は出ません。質問によって気持ちを引き出すと、元気が出てくるのです。イメージトレーニングの理屈と同じです。これは、いろいろな場所でやってみてください。

先生方の懇親会などで、誰かが成功体験を話し、皆が聞いているという場面がよくあります。上司とか先輩が昔の成功体験を「俺が若いときは……」と延々と話していて、後輩は、好むと好まざるとにかかわらず聞かされるという状況です。これも悪くはないのですが、むしろ先輩が、後輩の頑張った話を、先生が子どもの頑張った話を聞いてあげたら、何倍も元気が出てきます。どうぞお試しください。

初対面の人とこのゲームをやってみると分かりますが、相手の方と親しくなれたとか、心理的な距離が近付いたという感想を多くの人がもたれます。

コミュニケーション教育の目的の一つは、人間関係を構築することです。世の中には、人間関係で悩まれている人が多くいらっしゃいますが、コミュニケーションが人間関係をつくっていきます。人間関係とは、コミュニケーションで築き上げられていくものだといってよいでしょう。しかし、コミュニケーションと一口に言っても、表面的な浅いレベルのコミュニケーションもあれば、深いレベルのコミュニケーションもあります。浅いレベルというのは、「この椅子をA地点からB地点まで動かしてね」というような業務連絡のようなものです。もちろんこれも大事ですけれども、表面的な業務連絡、事務伝達をいくらやっても、人と人の心の距離は接近しません。距離を縮めるには、「心と心の通い合うコミュニケーション」が必要で、これを最も手軽に実現する手法の一つがヒーローインタビューだと考えています。

ヒーローインタビューと「ほめ言葉のシャワー」

私は、このゲームを「ヒーローインタビュー」と呼んでいます。それは、地球上にいる人類の一人の例外もなく、「すべての人がいつかその人なりにヒーローになる可能性をもっている」と思うからです。

スポーツの世界では若くして金メダルを取る選手がいます。そのように早咲きの人もいますが、50歳で日本のプロ野球のピッチャーをされている方もいます。２０１３年に芥川賞を受賞された黒田夏子さんは、75歳での史上最年長受賞をされています。早咲きの人もいれば、大器晩成の人もいます。開花時期は人によって違います。

また、みんながホームランを打てる長距離バッターとは限りません。ある人は、バントが得意。ある人は守備が得意で、ある人は走塁が得意、ある人はベンチの中から大きな声を出してムードづくりに貢献する。運動は得意ではないけれど、みんなのグローブの手入れをして、選手が気持ちよく翌日の試合に臨めるように準備をしている人もいます。

全ての人が、いつかその人なりにヒーローとなる可能性を秘めています。小学校や中学校では、成績のいい子がどうしても目立ちます。でも、遅咲きの子もいるし、一人ひとりがそれぞれの豊かな個性をもっています。その一人ひとりのもち味に光をあてるのが、「ほめ言葉のシャワー」というプラクティスだと思うのです。

自分はこういう道でヒーローになれるとか、こういう角度でヒーローになっていくことができるという発見が、「ほめ言葉のシャワー」にはあると思います。自己肯定感を高めるチャンスです。

問題児だと決められてしまえば、そうなってしまう。これを教育心理学では、ピグマリオン効果と言います。逆に自分がヒーローだと思えば、ヒーローになっていきます。「言葉が行動をつくっていく」――「ほめ言葉のシャワー」は、そういう実践ではないかなと思います。一人ひとりが、その子ならではのヒーローになる可能性を開花させるきっかけになると思うのです。

コーチングの世界では、人間は「磨けば光るダイヤモンドの原石のようなもの」だと言っています。ダイヤモンドの原石も、磨かないと輝きません。ダイヤモンドを磨くことのできる物質は、自然界にはただ一種類しか存在しません。

それは、ダイヤモンドです。

今は、ハイパーダイヤモンドという人工合成されたものができましたが、これまで人類が自然界で発見したいちばん硬い物質はダイヤモンドです。したがって、ダイヤモンドはダイヤモンドの粉で研磨します。

人間をダイヤモンドの原石に例えるとするならば、やはり他の人との接触、face-to-face のコミュニケーションなくしては、その人らしい輝きを得ることは実現しないのです。知識を与えることは、eラーニングにいくらでも代替可能です。今後、ますますeラーニングは進化していきますから、知識の伝達は、そちらにシフトしていくでしょう。しかし、一人ひとりがもっているヒーローのポテンシャルを引き出すのは、機械にはできないということを確認したいと思います。

四書五経の中で書かれている「切磋琢磨」については、菊池先生との対談でも触れていますのでそちらを参照していただきたいのですが（本書38ページ）、翡翠や瑪瑙、水晶などの宝玉の数々も、地面から掘り出しただけでは輝きは出ませんから、中国の古代に、一生懸命に加工をしていました。磨くことで宝玉の本来の輝きを引き出して、宝物へと仕上げていきました。元々は石の話ですが、これを人間の世界に当てはめたとき、人と人が直接的に関わり合い、お互いに刺激を与え合い、お互いに学び合うことで、人格を磨いていくわけです。

「ほめ言葉のシャワー」を行うと、先生が子どもたちから学ぶこともたくさんあります。「先生と子どもも、お互いの人間性を高めていくことが『大学』の道だ」と四書五経の中の「大学」には示されているのです。コーチングという手法は、欧米から持ち込まれたものですが、2500年前にこうした明徳の技術というのが東洋にはありました。人間の内なる可能性を引き出す力は、東洋の文化の中にすでに説かれていたのです。

ヒーローインタビューは、簡単にできますので、いろいろな場所でやってみてください。

他者紹介ゲーム

もう一つ、他者紹介ゲームというエクササイズを紹介します。このゲームは4人一組で行います。さきほど聞き出したヒーロー体験を、聞いていなかったペアに紹介するゲームです。1分間に要約して伝えてください。できれば価値語を見つけて入れるようにしてください。紹介されている間は基本的にはじっと聞いていて、重大な間違いがあった場合は訂正をしてください。

このゲームをすると、誰にも「共感回路」がついているので、他の人から良い話を聞くと元気が出てくるということを体感できると思います。ですから、グッドニュースの循環を図るというのは、とても重要なことなのです。マスコミが、学校や教員について取り上げるときは、大体バッドニュースです。不祥事があったとか、盗撮したとか、ろくでもないことばかりが報道されます。「今日も○○先生が、『ほめ言葉のシャワー』で学校を明るくしました」というようなニュースは、めったに流れません。だからこそ、そういう明るいニュースを広めていくことが、とても大事だと私は思います。教育現場には、追い詰められた子どもだけではなく、追い詰められている先生たちが本当に多くいらっしゃいます。

日本人には、謙譲の美徳というものがありますから、なかなか自分からグッドニュースを発信しようとはしません。ですから、ヒーローインタビューが有効なのです。

先生が、

「君、どんなふうに頑張ったの。それ、今日の帰りの会でみんなに紹介してもいい？」

と言って、ヒーローインタビューで吸い上げたことをミーティングの場で他者紹介してあげるのです。子どもたちを観察するだけでなく、ヒーローインタビューによって取材をし、見ただけでは分からない努力に光を当てて、その中身をクラスみんなでシェアしたら、もっともっと教室が明るくなり、人間関係が深くなっていくのではないかと思います。その意味で、ヒーローインタビューと他者紹介を「合わせ技」でご活用いただきたいと思います。

先ほど、学校全体で「ほめ言葉のシャワー」に取り組まれている学校の事例も紹介されていました。素晴らしい取り組みですね。職員室でも「ほめ言葉のシャワー」に取り組むといいと思います。いろいろ個性豊かな管理職の方がいらっしゃることも承知していますが、理解のある管理職の先生もたくさんいらっしゃいます。教室だけでなく、学校単位、地域単位で、こういう実践が大きな面になって広まっていくことが、本物のアクティブ・ラーニングを日本に定着させていくためにこそ、大切なことだと思います。

菊池道場の方々が、それを今担っているのだと思います。お互いに情報交換をしながら、ベストプラクティスを全国に広めていきましょう。

(1) マズローの欲求段階説　アメリカのアブラハム・マズロー(1908年~1970年)が、人間の欲求を5段階の階層で理論化したもの。低次から順に、一．生理的欲求、二．安全の欲求、三．社会的欲求/所属と愛の欲求、四．承認(尊重)の欲求、五．自己実現の欲求　である。

第四章

これからの教育観

菊池省三

※本章は、２０１５年８月に行われた講演をもとに、再構成したものです。

「ほめ言葉のシャワー」の今日

私の29年前の教え子の吉崎エイジーニョ君が、私の最後となった2年間の教室を密着取材して、「学級崩壊立て直し請負人　菊池省三、最後の教室（新潮社）」という本にまとめ、2015年8月の初めに出版していただきました。

「気になるお子さん」が、集団の中でどう変わっていくのかということがテーマになっています。個を変えるには集団が変わっていかなければならない、集団が変われば個が変わるという、私の教育観を事実を追いながらまとめてくれたものです。

堀之内君という名前で登場する男の子がいます。本の中でも、「相当手強い」と表現されています。そんな彼が、2年間の中でクラスの友達と温かい関係を少しずつ築きながら、大きく成長していきました。

係活動の中では、女の子が男の子にダンスのステップを教えていました。ほほえましい情景でした。そういう、子ども同士の関係性が土台となって、白熱した話し合いができる学級になっていったのではないかと思っています。

教師の「一人も見捨てない」という覚悟、それを踏まえた日々の実践、子ども同士の温かい交流を価値付けて、それをほかの子たちにいかにシェアするか、子ども同士の強いきずなをどうつくっていくか、そのあたりがポイントになるのだろうと思います。

そんな気持ちで、私は挑み続けていこうと決意しています。

「ほめ言葉のシャワー」は、確実に全国に広まってきました。とても嬉しく思っています。もっともっと広がっていくと思います。また、広めていくための様々な方法を、私は私の立場で模索しています。これまでの教師の世界の中でだけ発言し続けてもなかなか厳しい現実があることも承知しています。今春、私は退職いたしましたが、それは「外側からも攻めます」というスタンスを取り始めたということを意味するのです。

コーチングの第一人者であられる本間正人先生と、縁あって対談をさせていただいたり、講演会で同席させていただいたりすることもできました。こういう新しいつながりができることをとても嬉しく思っています

また、5月には、四国の香川県高松市で「挑戦！　四国四県からの発信！」というフォーラムを行いました。これは、四国四県から、小学校教員、教育委員会研修指導員、人材育成会社の社長、塾の経営者という、それぞれが違う立場で教育に関わっていらっしゃる方々に一同に会していただき、社会総ぐるみでの「教育改革」をスタートさせようとい

う、これまではあまりなかった、でも、かなり野心的といえる志をもったフォーラムでした。

学校現場だけでは対応しきれない現在の状況に対して、「ほめ言葉のシャワー」を提案した張本人として、責任をもって自分のできる限りのことを、様々な分野の方々と力を合わせながら挑戦していこう、挑むぞというのが、現在の私のいつわらざる心境です。

この春に退職してからも、全国でセミナーを開催していただきました。セミナーの最後に設けられる質疑応答の時間を私は大切にしています。その時間を楽しませていただいています。現場で子どもたちと向かい合われている先生方の悩みを共有させていただけるからです。

そんな中で、ときどき気になる質問をされることがあります。

「『ほめ言葉のシャワー』についてなんですが、帰りの会で通常行いますが、時間がないときはどうしたらいいですか？」

「『ほめ言葉のシャワー』で、ほめ言葉を言わない子がいたらどうしたらいいですか？」

こんな類の質問です。

乱暴な言い方ですが、時間がないときは、半分ずつやって二日間に分けてやればよいと思います。言えない子がいたら、前もって「○○君、考えた？」と声かけをしたらいいと思います。

とりあえずは、質問された状況に対する対処療法的な答えはいくらでも言えます。問題は、質問されているような内容がクリアされたらそれで良いのかということです。全く違います。「ほめ言葉のシャワー」を上手にできるようにすることが目的ではないからです。

「ほめ言葉のシャワー」をとおして、子ども同士の関係性を高めて、その先に、より深い対話型の豊かなアクティブ・ラーニングが成立する授業を目指しているのです。そして、さらにその先にある「子どもの人格形成」という大きな目標に向かって進んでいるのです。

２０１３年８月に「ほめ言葉のシャワー全国大会」を大阪で初めて開催させていただきました。翌年には、私の地元の北九州で第２回大会を開催できました。そして、今年（２０１５年）の８月には第３回大会を神戸で開催いたしました。

「ほめ言葉のシャワー」の全国的な広がりをとても嬉しく思うと同時に、いよいよ、私の考える教育「観」を徹底的に議論し合い、実践し合い、検証し合う段階にやってきたと確信しています。

その意味で、「ほめ言葉のシャワー全国大会」にはピリオドを打ち、第3回大会の翌日に開催した「第1回菊池道場全国支部長会議」を踏まえて、来年（2016年）からは、「菊池道場全国大会」を開催する決意でいます。

「ほめ言葉のシャワー」を基本としつつも、一人ひとりの対話をとおして、自己の内側に変容を起こすような学びを大切にするという「教育観」をたずさえて、全国の先生方とつながりながら、新しい時代の運動を進めていきたいと思います。

「ほめ言葉のシャワー」の実際

私の取り組んできた「ほめ言葉のシャワー」や「話し合いの授業」の名場面ともいえるものを紹介します。

常君《チャン》は、本間先生との対談の中にも出てきた（本書9ページ以降）、中国にルーツのあるお子さんです。その常君への「ほめ言葉のシャワー」の一部を紹介します。子どもたちの豊かな「ほめ言葉のシャワー」を味わってみてください。

（1）A君から常君への「ほめ言葉のシャワー」

5時間目にフォークダンスをしているときに、NさんとMさんが失敗してしまったときに、「大丈夫？」とか笑いながら言っていました。質問タイムのときも、チョコを隠してみんなで分け合って食べる」と言っていました。自分の個性を出せる人ですね。

A君が口火を切ってくれました。私の最後の教室は6年生でしたが、A君は、6年生になったときに転入してきた子です。体は小さいのですが、いつも元気でサッカーに取り組んでいました。本当に良い子です。こんな子に出会えたことも、教師ならではですし、とても幸せでした。彼らしい、素直なほめ言葉だと思いました。

（2）Bさんから常君への「ほめ言葉のシャワー」

ダンスのときのことです。私があなたに「できる？」と言ったらやって見せてくれました。でもそのときに、あなたはできていなかったので、私が教えました。なので、あなたは素直なAのバケツだと思いました。

「Aのバケツ」と言っています。私が普段、「大きなバケツにはたくさん水が入ります。上向きで、どんどんどんどん入ってきて、水が溜まるバケツです。素直な気持ちで人と接すればたくさんのことを吸収できて、B段階からA段階へと成長できます。自分をAのバケツにしましょう」と言っていたことを、ほめ言葉の中で具体的な言動を見つけて、自分の言葉として使っています。

(3) Cさんから常君への「ほめ言葉のシャワー」

理科の時間のときのことです。先生が「教科書の○ページを開きましょう」と言ったら、すぐに教科書を開いていました。着手スピードが速い人ですね。

「着手スピード」も価値語です。私は、「言葉で人を育てる」ということをいつも考えています。言葉が事実と結びついて、言葉のもつ意味を自分の成長へと進化させている典型的な例だと思います。

（4）Dさんから常君への「ほめ言葉のシャワー」

フォークダンスのときに、円になって私と常君がやっているときに、私が「教えて」っていうと、常君が「大丈夫」って言ってくれていました。だから、質問タイムで突っ込みすぎて、「うざい」って言われたことも、その優しさがあれば「いい意味の『うざい』」にできるんじゃないかなと思いました。

北九州には反社会的な組織があり、治安のあまりよくない地域です。当然、そんな組織の関係者のお子さんも学級にいます。彼女はその一人でした。でも、本人にとっては教室の中では関係のないことです。彼女は、自分を鍛えようとしていました、自分と向かい合っていました。自分なりの価値語をつくって言おうとしていたと思います。

（5）E君から常君への「ほめ言葉のシャワー」

体育の時間のときに、僕が審判をやっているときに、「メガネが邪魔になるから」と言って僕に渡してきました。その後、「太陽が眩しいから」と言って、また「メガネを渡して」と言ってきました。あなたは、行動力と判断力の塊《かたまり》ですね。

この子は、4年生までは様々な問題を起こして、特別な支援を必要とすると判断されていました。私のクラスになった5年生の途中からは、薬を飲むのもやめられるほどに成長しました。髪の毛が天然パーマのため、そのことを理由として、以前はいじめられることもあったそうです。それが、6年生のときにお客さんが来られたときには、「ぼくのチャームポイントは、このヘアースタイルです」と言えるまでに変わりました。中学生になった今、彼なりにSuperAの道を歩いているのではないかと思います。

(6) Fさんから常君への「ほめ言葉のシャワー」

算数の授業中に、Oさんが、「Pさんのせいで、ぼくができなかった」と言っていました。あなたは、Oさんに「Pさんのせいにするんじゃないよ」と、軽く注意していました。そういう大人の言葉を言えるような人になりたいと私も思ったので、そういう意欲をつくってくれてありがとうございました。

学級のリーダーとして活躍した女の子です。一生懸命な女の子でした。将来は、弁護士になりたいと言って頑張っています。「写真で見る菊池学級の子どもたち(中村堂)」という本の「おわりに」に彼女の作文を掲載しています。6年生の11月に書いた人権週間に応募する作文です、彼女は、2年間続けて担任させていただきました。4年生までは元気すぎて、女の子の中のナンバー1だったので、私が担任することになりました。そんな彼女が、4年生までと5・6年を振り返りながら人権週間の作文を書きました。

「4年生までの自分は、(中略)トラブルばかりを起こしていました。(中略)毎日といっていいほどケンカをしていました。(中略)自分をコントロールできなくなって、プランターを投げつけて割ったこともあります」と書いていました。５年生になって「ほめ言葉のシャワー」が始まって、「あたたかい言葉のプレゼントをクラスのみんなからもらうのです。（中略）今、私は変わりました。『どうせ私なんか』と思い込んでいた私が、みんなとも仲よく過ごせるように変わったのです。クラスも、笑顔であふれるようになっています。（中略）お母さんから、『○○、あんた変わったね』とほめられます。私は、胸を張って、『そうよ、成長しているから』と答えています。私らしさを見つけて、毎日元気でいられる私を、私は『大好き』です」と書いて終わっています。

一生懸命、成長しようと頑張って、リーダーシップをとれる人になりたいと夢を語る彼女の姿は、本当に頼もしいものでした。

人権週間に応募する作文ですから、表現に差別的なことがあってはいけないということで、応募する前には、管理職に見せるというルールがありました。私は校長にこの作文を提出しました。校長が、この作文を読んで最初に言ったのは、「『ほめ言葉のシャワー』を、ほかの言葉に変えられないか？　『ほめほめタイム』とか『にこにこタイム』とか」ということでした。「『ほめ言葉のシャワー』は、菊池先生のつくった言葉だから」と続きました。正直、このような人と一緒に仕事をするのは無理だと思いました。

彼女は、「ほめ言葉のシャワー」の中で、「大人のような言葉を使いたい」と言って、

「そういう意欲をつくってくれてありがとうございました」と言っているのです。その成長の事実に目を向けない、目を背ける教育者であってはならないと私は強く思っています。

（7）Gさんから常君への「ほめ言葉のシャワー」

今日、私は、常君にきつい言い方をしてしまったときに、私はちょっと反省していたんですが、常君は、そのことで全然私を責めたりしませんでした。だから、常君は人のこととかを考えて、人に優しく接することができる人だと思いました。

彼女は、お医者さんの娘さんです。お母さんがいない父子家庭です。双子で、お姉さんが隣のクラスにいました。母親代わりのおばあちゃんから、「お客様がお帰りになるとき、足音が聞こえなくなったら鍵をかけなさい」と教わっているという話をしていました。お母さんがいない分、おばあちゃんがきちんとされているのだと思います。そんな女の子だからこそ話せるほめ言葉だと思います。「あなたは幸せだよ。素敵だね」と言ってあげたいなと思います。

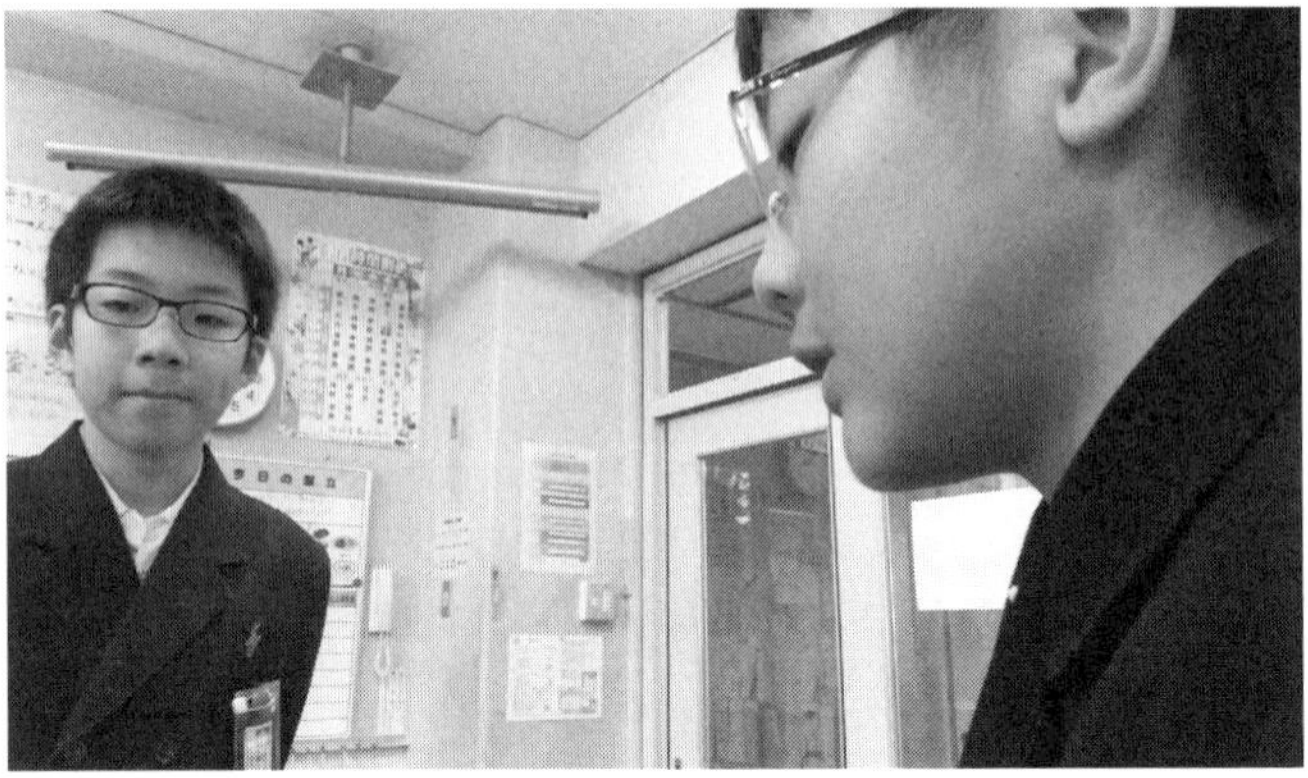

ほめ言葉のシャワーを浴びる常君（写真左）

落ちそうな笛

（8）H君から常君への「ほめ言葉のシャワー」

さっき気づいたんですけど、みんながここを通るときに、Q君の置いている笛を落としてしまっているんですけど、朝いいなと思ったのが、常君がここを通るときに、この笛を支えながら行っていたので、日常の通り道の細部までしっかり見ているなと思いました。

常君は、Q君のむき出しになっている笛を落ちないように押さえていたんですね。「日常の通り道の細部までしっかり見ている」とほめていますが、私は、そんなことを言えるH君を「細部までしっかり見ているね」とほめてあげたいと思います。

話し合い活動

白熱した議論をすると、他者と共に考え続ける人間が育つのではないかと考えています。そして、私は、考え続ける人間を育てたいと思っています。

朝の時間の自主的な話し合い

6年生の秋に学習した宮澤賢治の「やまなし」では、「5月と12月のどちらが明るい場面か」というテーマで、話し合いが大いに盛り上がりました。

子どもたちは、朝、教室にやってくると、自然発生的に昨日の議論の続きを始めていました。昨日の話し合いをもとに、昨夜家で調べてきたことを授業の始まる前に相談し合っていたのです。そんなことを、誰とでも自然にできる子どもを育てていきたいと思っているのです。

「やまなし」を書いた宮沢賢治は、妹であるトシが死んだときに書いたのが5月の場面で、そのときの心の傷が反映されているということ、一年後に立ち直った賢治が12月の場面を書いたのだから、当然12月の場面の方が明るいはずだというようなことを、家で調べてきた年譜と対比させながら、子どもたちは考え、話し合いをしていました。

「白熱して全員発表しましょうね」と子どもたちに伝えることは大切です。でも、それだけでは、授業の後に書かせた感想は、「発表できたからとても良かったです」、「つぎも頑張ろうと思います」という、通り一遍のものになってしまいます。

「ぼくは、こう考えていたけど、○○君がこう言っていたので、考えが揺れ動いています」、「友達とも相談しながら自分の考えを深めたいと思います」といった感想が出てこない限りは、一斉指導の呪縛から解き放たれたことにはならないのではないかと思います。

知識重視の授業観に縛られたままのものではないかと考えています。

これからの教育観

私は、「これからの教育観」を明確にしたいと思っています。あくまでも、子どもの変容、成長をポイントとした教育観です。

これまでは、私自身、一年間とか二年間の中での子どもの変容を重視した提案や発表をさせていただいてきました。そういうやり方が今年度は叶いません。今、全国の学校から声をかけていただいて、一年間の勝負ではなく、一時間の勝負をしているところです。一時間の中でも、一人ひとりの内側の変容はあります。一年間の変容を見られなくなった反面、一時間の中で内側の変容を見られるようになった喜びに浸っているわけです。

ですから、呼ばれることがありましたら、全国のどこへでも行き、新しい挑戦をしようと決意しています。

今の状況になって、これまで以上に様々な方たちとお話をさせていただく機会が増えました。そうした中で思うことは、私は恵まれていたなということです。

愛媛県で男ばかりの3人兄弟の真ん中として生まれ、育ちました。次男坊は好きなことができます。大学は、山口県に行き、教員として北九州に行きました。北九州には、地元の教員養成の大学がありますが、私は、そんな経緯でしたから、派閥とか学閥とかとは全く関係がありません。親戚も誰もいない場所で教員生活を送りました。その点での自由度が高かったのだと思います。ですから、33年勤めている間、好きなことができました。

東京などの中央からも離れていますから、距離を置いて「なるほど、それは大切だな。

こんな意見があって、こんなグループがあるんだ」と、自分に必要なものを必要なだけ取り入れるという自由度があったとも思います。

そんな感じで教員になって10年以上が経ったときに、簡単な自己紹介のできない子どもと出会いました。時代は、平成になった頃でした。当時は、コミュニケーション教育も、ましてや、アクティブ・ラーニングという概念も、教育界に全くありませんでした。

簡単なコミュニケーションもとれない子どもたちに出会って、どうにかしなければいけないという焦りにも似た思いの中で、コミュニケーション教育の世界に入っていったわけです。私の実践の原点は、何とかしなくてはいけない子どもが目の前にいたということですから、ほかの人たちの教育実践の動機とは違うところでやっていったのでしょうか。結果的には、そのことが私らしさになっていったんだなと、今になって思います。

とても幸せな33年間だったなと思います。ただ、自分が体験したそれは、特異なケースだと言えるのかもしれないとも思っています。

教員になったばかりのとき、アパートがなくて、当時の校長先生のご自宅に3日くらい泊めていただきました。その間に住む部屋を探していただきました。その校長先生のご自宅にお伺いした最初の日に「これ読んどけよ」と渡してくれた本が、「デモシカ先生奮闘記」という本でした。「そうなるなよ」というメッセージだったのだろうと思っています。

「教師でもするか、教師しかすることがない」――そんな教師にはなるなよ、ということで渡してくれたのでしょう。私が、まともに読んだ最初の本でした。

自由奔放に、派閥にも属さず、自分にとって必要なことをやっていこうとすると、その地域の古い体質とぶつかります。思えば、その連続の33年間でした。最初の頃は素直でしたが、だんだん向かうべき道と現実の間に隔たりを感じてきました。そうなると、必然的にぶつかります。

この夏、「挑む」という本を出させていただきました。その中にも書きましたが、私の学んだ高校の5年先輩にノーベル賞を受賞された中村修二先生がいらっしゃいます。報道で「あそこまで勉強できたのは、体制への怒りだった」と言われていたのを知って、ノーベル賞を受賞される方でもそうなのだから、私くらいのレベルだったら、「『ほめ言葉のシャワー』をほかの言葉に変えろだと」という怒りで新しいことに動き始めることがあっていいかなと思っているわけです。

20年以上にわたって、アクティブ・ラーニングという言葉のない時代から、アクティブ・ラーニングを私なりにやってきたという自負があります。その意味で、「時は来た」と思っています。

文部科学省が、これまでは学習内容だけを示してきた学習指導要領の中に、学習方法も示そうとしている、そして、その方法の中心は、アクティブ・ラーニングだということです。「文科省が言うから駄目だ」と言う人は、今の時代、もういないと思います。生活科が出てきたときも、総合的な学習の時間が出てきたときも、現場の教師が創意工夫してやりなさいと示されました。残念ながら、それは理念にとどまってしまい、現実的には上手くいかなかったという反省から、今度は学習方法までも示そうとしているのではないかと思います。

私は、この機会を前向きに捉えています。それは、これからの時代に必要な人間を育てることが、どうしても必要だからです。私は、自身の33年間を振り返りながら、「やっと来たか。時は来た」と強く思っています。

それなりの子どもたちが集まった付属小学校とか、落ち着いた地域の学校だったら、アクティブ・ラーニングを始めましょうと提案されれば、そこそこ成立すると思います。

一方、公立小学校にはいろいろなお子さんがいます。発達障がいがあって特別な支援を要するお子さんがいます。格差社会や貧困社会を背景とした大きな問題を抱えているお子さんもいます。いじめもあります。何だかわからないけれど教師が「だめ、だめ」と言うからと諦めきっているお子さんもいます。学級の中は、誰一人として同じではありません。でこぼこでこぼこしています。

ですから、「ほめ言葉のシャワー」をとおして、お互いに違いを認め合い、補い合っていくことが重要だと思うのです。何よりも土台づくりが大切なのです。

そのうえで、実態にあったアクティブ・ラーニングを創意工夫しながら導入していくのです。何のためにアクティブ・ラーニングをするのかという目的を、私たちが明確に持つことが必要です。

今の自分の置かれた環境を考えつつ、少しでも全国の先生方や子どもたちと出会う中で、自分の考えや想いを伝えたいと思います。挑んでまいりたいと決意しています。

最後の菊池学級の子どもたちが、卒業した直後に開催したセミナーに参加してくれました。終わった後の懇親会にも参加してくれました。懇親会の後、お店の前で、子どもたちと「菊池学級、万歳！　万歳！　万歳！」と大きな声でお祝いをしました。

たくさんの先生方、子どもたち、保護者の方々に恵まれながら、一度退く形をとりましたが、私の「野望」は、しばらくの間、私の考える理想の教育観を語らせていただいて、そのうえで、テレビカメラの撮影も、新聞や雑誌の取材もすべてOKという環境の中で、再び教壇に立ち、私の考えを改めて事実の姿として立証させていただこうと考えています。

こうした状況になっている現在を、私は本当に幸せだと思っています。

●対談者・著者（詳細は、本文4・5ページに掲載）

本間正人（ほんま・まさと）

菊池省三（きくち・しょうぞう）

コミュニケーション力で未来を拓く　これからの教育観を語る

2015年10月10日　第1刷発行

著　／本間正人　菊池省三
発行者／中村宏隆
発行所／株式会社　中村堂
〒104-0043　東京都中央区湊3-11-7　湊92ビル4F
Tel｜03-5244-9939　Fax｜03-5244-9938
ホームページアドレス｜http：//www.nakadoh.com

編集協力・デザイン／東原さつき
印刷・製本／シナノ書籍印刷株式会社

ISBN978-4-907571-19-1

アクティブ・ラーニングが始まろうとする今、コミュニケーション教育の第一人者からの提言。「一斉授業」から「話し合いの授業」へ。これからの教育観を問います。

挑む

私が問う　これからの教育観

ISBN978-4-907571-17-7　**定価　本体二〇〇〇円＋税**

全国ネット「菊池道場」が始動し、同時に、年4回発行の機関誌が誕生しました。菊池道場の理論と実践を明らかにするとともに、今の教室を創ります。

今の教室を創る　菊池道場機関誌

白熱する教室　創刊号・第2号

ISBN978-4-907571-18-4
ISBN978-4-907571-20-7　**定価　本体各一五〇〇円＋税**

12歳の子どもたちが「挑戦」した日本初の本を復刊。「34」のコミュニケーション力を徹底研究しました。

小学生が作った

コミュニケーション大事典　復刻版

ISBN978-4-907571-01-6　**定価　本体三〇〇〇円＋税**

菊池省三先生の実践と考え方の全体像を明らかにします。コミュニケーション力があふれる学級と児童をどのように育んでいくかが分かります。

コミュニケーション力あふれる
「菊池学級」のつくり方

ISBN978-4-907571-00-9　定価　本体二〇〇〇円＋税

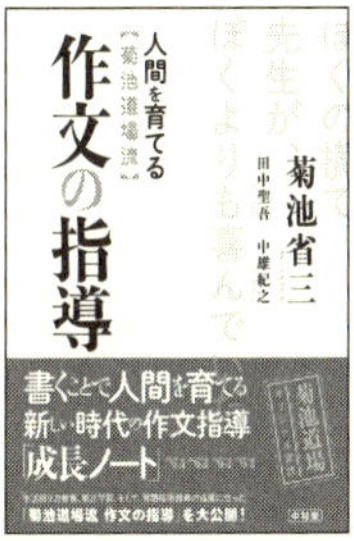

書くことで人間を育てる、新しい時代の作文指導。菊池道場のオリジナル実践である「成長ノート」を詳説します。

人間を育てる　菊池道場流
作文の指導

ISBN978-4-907571-14-6　定価　本体二〇〇〇円＋税

ゲームで楽しくコミュニケーション力がつきます。「話し合い力検定」公認トレーニングブック。

「話し合い力」を育てる
コミュニケーションゲーム62

ISBN978-4-907571-13-9　定価　本体二五〇〇円＋税

中村堂　菊池省三先生の著作

菊池学級の実際を動画と本で徹底解説。言葉で育った菊池学級の子どもたちの事実の姿が動画で分かります。

動画で見る

菊池学級の子どもたち

ISBN978-4-907571-03-0　定価　本体三〇〇〇円＋税

菊池学級の実際を写真で紹介します。言葉で育った菊池学級の子どもたちの事実の姿が写真で分かります。

写真で見る

菊池学級の子どもたち

ISBN978-4-907571-08-5　定価　本体三〇〇〇円＋税

教室や家庭に掲示できる日めくりカレンダー。子どもの考え方や行為をプラスの方向に導く「価値語」を一日一つずつ紹介します。

菊池省三先生の

価値語日めくりカレンダー

ISBN978-4-907571-09-2　定価　本体二五〇〇円＋税